M. Johnson

18 Jahre und keine Zeit zu verlieren

Hänssler-Verlag
Neuhausen-Stuttgart

ISBN 3 7751 0362 7

2. Auflage
Edition C – Taschenbuch T 3
© 1971 by Zondervan Publishing House, Grand Rapids, Michigan
Copyright der deutschen Ausgabe by Hänssler-Verlag, Neuhausen-Stuttgart
Umschlaggestaltung von Daniel Dolmetsch, Neuhausen-Stuttgart
Deutsch von Karin Bühlmaier
Deutsche Bearbeitung durch
Litera, Christliche Verlags-Agentur
Der Titel der amerikanischen Ausgabe lautet: No Time to Waste
Gesamtherstellung:
St.-Johannis-Druckerei, 7630 Lahr-Dinglingen
Printed in Germany   16373/1979

*Für
Felicia
Sharon
Brad
Jon
und im besonderen Gedenken an Jim.*

Ich danke meinem Vetter, Dr. John Edmund Haggai, der mir als erster Mut machte, Kathis Geschichte zu erzählen.

Mein besonderer Dank gehört Ethel Emily Wallis für ihren unschätzbaren Rat und die vielen Stunden, die sie zum Lesen und Vorbereiten des Manuskriptes aufbrachte. Ohne sie wäre dieses Buch nicht geschrieben worden.

KAPITEL I

»Mama, ich möchte mit dir über etwas reden! Nun sag' nicht gleich: ›Nein‹, bevor du mich zu Ende angehört hast.« Ich beobachtete Kathi, die nun fast 18 Jahre alt war, wie sie mit der Gabel nichtssagende Figuren auf das Tischtuch malte. Ein Angstgefühl stieg in mir auf, ich setzte mich aufrecht hin. »Es ist so, Mama: Felicia und ich möchten im Sommer zusammen eine Wohnung mieten.« –

»Nur über den Sommer«, fügte sie hastig hinzu, während sie den Kopf hob und mir ins Gesicht blickte.

»Du kennst meine Antwort darauf: sie heißt *nein*. Es ist sinnlos, weiter darüber zu reden!« sagte ich grimmig entschlossen.

Ich stand vom Tisch auf und wollte hinausgehen, in der Hoffnung, dieses Thema ein für allemal abgeschlossen zu haben. Kathi rührte sich nicht.

»Versuch' doch, mich zu verstehen, Mama. Ich möchte mit Felicia zusammenziehen, nur über den Sommer. Ich verspreche dir, daß ich im Herbst zurück bin – bitte, hör' mir doch zu!«

Alle die guten Ratschläge auf die Frage: »Wie erziehe ich meine Kinder« standen plötzlich vor mir und trafen mich wie ein Keulenschlag. Tränen drohten meine Stimme zu ersticken, und ich wagte kaum zu antworten. Ich stand da und sah meine zweite Tochter an, deren sonst so fröhliches Gesicht plötzlich sehr betrübt wirkte. Ich wußte, daß ich dies mit einem Satz ändern konnte (»Ja, Kathi, geh' nur, du hast meinen Segen«), aber ich konnte doch nicht etwas sagen, was ich nicht meinte. Kathi war siebzehn Jahre alt, ein schlankes Mädchen mit tiefschwarzem Haar, das lang und offen auf ihre Schultern herabfiel und ihr Gesicht umrahmte. Unter den Stirnfransen blickten dunkle, leuchtende Augen hervor, die jede Gemütsregung widerspiegelten. Sie sprühte förmlich vor Leben und Energie, ihre Lebhaftigkeit zog die Leute an. Sie wirkte wie ein Magnet auf die Teenager, die sie ständig umringten. Sie schien so viel von sich selbst herzugeben, daß ihre Freunde sie aufsuchten, nur um mit ihr zusammensein zu können. Es war schon immer so. Ich weiß nicht, warum ich mich mit der Zeit nicht daran gewöhnt hatte. Es ärgerte mich noch immer, dauernd um ihre Zeit kämpfen zu müssen. Aber Kathi war eben Kathi! Ihre Freunde waren unzählbar. – Und Felicia war sogar noch eine besondere Freundin, die ich – vielleicht deswegen – am wenigsten leiden konnte.

Als Kathi und ich uns so gegenüberstanden, stieg Zorn in mir hoch: Zorn auf Felicia, die mir Kathi weggenommen hatte, Zorn auf alle ihre Freunde, die mehr von ihr hatten als ich.

Und ich war wütend über die Mauer, die zwischen uns entstanden war. Dauernd bekam ich zu hören, Kathi sei anders, Kathi sei etwas Besonderes; und doch fiel es mir als ihrer Mutter am schwersten, sie zu verstehen. Ich war wütend, daß sie von zu Hause fort wollte. Am meisten ärgerte ich mich darüber, daß sie bald das »Wunderalter« von 18 Jahren erreicht haben würde und daß ich sie dann durch nichts mehr halten konnte. »Nein, nein, nein!« hörte ich mich sagen und erschrak darüber, daß dies meine Stimme war. »Du wirst nicht weggehen. Und wenn du gehst, brauchst du nicht mehr zurückzukommen. Nein!«

Ich lief an ihr vorbei, bevor der Schmerz mir Tränen in die

Augen trieb, rannte in mein Schlafzimmer und warf mich auf das Bett.

Kathi stand an der Tür und versuchte mühsam, sich zu beherrschen.

»Warum eigentlich? Warum willst du denn, daß ich hierbleibe?« fragte sie. »Ist es deshalb, weil ich die einzige Tochter bin, die daheim geblieben ist oder weil ich für dich Botengänge machen soll? Warum? Du hast doch die Jungen – du brauchst mich doch nicht!« Sie drehte sich um und ging weg, als ich ihr mit vor Erregung erstickter Stimme die einzigen Worte nachrief, die ich in diesem Augenblick denken konnte: »Weil, Kathi – weil ich dich liebe!« Die Haustür schlug hinter Kathi zu, dann wurde es still.

Mein Herz tat weh, und ich legte mich auf das Bett zurück. Es war Anfang März, die kalifornischen Winde kündeten den Frühling an. Die Dämmerung kam, und bald würde es Zeit sein, das Abendessen für Vern und die Jungen zuzubereiten.

Kathi, mein Herz schrie es hinaus, wohin bist du gegangen?

Wann ist diese Mauer zwischen uns entstanden? War es in der Zeit, als du noch ein kleines Mädchen warst und ich ein Baby nach dem anderen bekam? Mußtest du damals zu schnell erwachsen werden?

War es in den Jahren, als deine ältere Schwester Cindy zum Teenager heranwuchs und wir so viele Geheimnisse miteinander teilten?

War es damals, als Cindy heiratete und du diese »Zweite-Tochter-Eifersucht« empfandest?

War der Verdruß darüber schuld, daß du dadurch die große Schwester von einer Bande lärmender Brüder geworden warst?

Was ist mit der kleinen, pausbäckigen Fünfjährigen geschehen, die einmal meine Hand nahm und mich leise bat, ihr beten zu helfen, »daß Jesus in mein Herz kommt«?

Ich seufzte tief und betete zu Gott, er möge mir zeigen, wie ich über diese Kluft zwischen uns eine Brücke bauen könnte. Tief innen aber war ich verletzt. Ich war mir sicher, daß Kathi zu Sharon oder zu Felicia gegangen war, um ihnen von unserer neuen Auseinandersetzung zu berichten. Kathi, Sharon und Felicia waren ein unzertrennliches Kleeblatt geworden – ein dummes und leichtsinniges. Ich vermutete, daß Kathi die gleiche »Laß-mich-in-Ruhe-Haltung« einnahm wie die meisten Teenager.

Aber ich war entschlossen, sie zur Vernunft zu bringen, sie zu zwingen, ihre Verantwortung zu sehen; und dabei prallte ich mit einer Persönlichkeit zusammen, die so stark war wie die meine.

Nun wurde sie volljährig, ich konnte es mir kaum vorstellen! Es kam mir vor, als ob es erst gestern gewesen wäre, daß ich sie in meinen Armen gehalten und als meine zweite Tochter mit tiefer Freude willkommen geheißen hatte.

Vern und ich hatten uns sehr gewünscht, unsere Kinder so zu erziehen, daß sie Gott lieben und für ihn leben. Aber irgendwann muß ich in meinen Ansichten starr und unbeugsam geworden sein.

»Herr«, betete ich wieder, »schenke mir Geduld, Liebe und Verständnis für Kathi.«

Mit diesem Gebet im Herzen half ich Kathi wenig später,

die Schlummer-Party für ihren achtzehnten Geburtstag vorzubereiten. Sie war unsagbar aufgeregt, schrubbte und putzte das Haus und besorgte im Laden nebenan die letzten nötigen Sachen. Ihre Begeisterung ließ unweigerlich auch meine eigene Stimmung steigen.

Als die Mädchen nach und nach ankamen und ich Kathi beobachtete, wie sie alle an der Tür begrüßte, mußte ich lächeln. Es ist kein Wunder, daß jeder sie so gern hat, dachte ich. Sie begrüßte jedes Mädchen so, als sei es das einzige auf der Welt. Ich hatte Kathis Schlummer-Partys immer gemocht, aber diese Nacht sollte ich nie vergessen. Das Haus war bald erfüllt vom Kichern der Mädchen. Riesige Lockenwickler kreuz und quer im Haar, hatten sie sich Seite an Seite mit ihren Schlafsäcken im Wohnzimmer niedergelassen. Sie lachten und kreischten bis spät in die Nacht, tranken Cola, kauten geräuschvoll Kartoffel-Chips und Kuchen und hielten die komischsten Augenblicke mit Blitzlicht und Kamera fest.

Und dann Kathi – immer der Mittelpunkt, die letzte, die schlafen ging und die erste, die aufstand – eine perfekte kleine Gastgeberin, die ständig hin- und hereilte und Eßwaren herbeischleppte.

Aus der Stereo-Anlage dröhnten die neuesten Hits, und obgleich Vern und ich kaum schlafen konnten, steckte uns das Glück unserer Tochter an. Als ich der Heiterkeit, die das Haus erfüllte, zuhörte, kam mir folgender Gedanke: Vielleicht geht Felicia nach ihrem Schulabschluß zu ihren Eltern nach Texas zurück, und die Mädchen vergessen die Pläne, von zu Hause auszuziehen! Ich lächelte selbstgefällig und versuchte, mich damit zu trösten, aber eine nagende Unsicherheit steckte tief in mir.

Am nächsten Morgen sah das Wohnzimmer aus wie nach

einer Bombenexplosion. Ich sammelte Cola-Flaschen unter Stühlen und auf Tischen; leere Kartoffel-Chips-Tüten lagen verstreut im Zimmer umher, der Teppich war übersät mit Chips-Resten; überall fand ich Kuchenschachteln – leer bis auf den letzten Krümel. Und Kathi war oben in ihrem Zimmer – sie schlief tief und fest.

Als ich das Haus aufräumte, dachte ich, daß dies wahrscheinlich die letzte Schlummer-Party für Kathi gewesen sein würde.

Ich hatte recht. Es war ihre letzte Schlummer-Party – und ihr letzter Geburtstag.

KAPITEL II

Kathleen Anne wurde an einem stürmischen, kalten Märzmorgen des Jahres 1951 in Michigan geboren. Liebevoll drückte ich sie an mich und wickelte sie vorsichtig aus der Decke. Ich hatte mir noch ein Mädchen gewünscht und war entzückt, als mir die Krankenschwester sagte, daß es eine Tochter sei. Zwei Mädchen sind ideal, dachte ich an diesem Morgen zufrieden. Ich selbst hätte gern eine Schwester gehabt, aber ich war in einem Haus voller Jungen aufgewachsen. Es würde Spaß machen, meinen Mädchen Puppen zu kaufen, ihnen die gleichen Kleider anzuziehen, Frisuren auszuprobieren, ihnen hübsche Haarbänder, Hütchen und winzige Lacklederschuhe zu besorgen.

Die Vorstadt Grand Rapids war ein ruhiger, friedlicher Ort, ideal für das Heranwachsen der Kinder. Wir hatten gerade unser erstes eigenes Heim erworben und ließen uns dort zufrieden mit unseren zwei Mädchen nieder. Obwohl meine Töchter äußerst verschieden waren, bedeuteten mir beide gleich viel.

Cindy war klein, mit langem, lockig herabfallendem Haar – einfach bezaubernd. Kathi wuchs pausbackig und lebhaft heran, immer auf dem Sprung. Sie paßte gut zu Sheba, der Hündin, mit der sie oft ums Haus rannte, wobei sie versuchte, sie am Schwanz festzuhalten.

Kaum konnte Kathi sprechen, schwatzte sie auch schon mit jedem, den sie traf. Sie machte gern Besuche und war daher mit ihren vier Jahren gleich begeistert, als sie erfuhr, daß wir meine Eltern in Kalifornien besuchen wollten.

»Mädchen«, sagte ich eines Tages im Frühling zu Cindy und Kathi, »wir reisen nach Kalifornien, um Großvater und Großmutter zu besuchen, und wenn wir zurückkommen, werdet ihr bald einen kleinen Bruder oder eine kleine Schwester haben.«

Sie tanzten fröhlich kichernd aus dem Zimmer.

»Natürlich wird es ein Junge sein«, sagte ich ernsthaft zu Vern. »Das haben wir uns ja so bestellt.« Beide wünschten wir uns einen Sohn.

Wir verbrachten zwei wunderbare Monate bei meinen Eltern im schönen Pacific Palisades in der Nähe des Meeres. Tag für Tag genossen wir die sanfte Meeresbrise, das angenehme Klima und das emporragende Gebirge und lernten diese Dinge immer mehr lieben.

Einen Monat vor der Geburt unseres Sohnes Richard nahmen wir schließlich schweren Herzens Abschied und fuhren mit dem Zug heim in den Mittleren Westen. Cindy und ich saßen ruhig da und lasen fast während der ganzen Fahrt. Kathi aber sprang den Gang hinauf und herunter, begrüßte Fremde und erfreute alle mit ihrem fröhlichen Kindergeplapper. Sie tat, was für sie das Natürlichste auf der Welt war – sie zeigte den Menschen ihre Zuneigung. War es dann verwunderlich, daß jeder sie gernhaben mußte?

Schon als Cindy und Kathi noch Babys waren, hatten Vern und ich ihnen von Jesus erzählt und mit ihnen gebetet. Kathi sang gern. Später trat dann ihr schauspielerisches Talent hervor und ihre Fähigkeit, Menschen zu begeistern und mitzureißen. Oft stellte sie sich vor eine Schar von Erwachsenen und lispelte ihre Lieder. Ein Lied, das sie besonders mochte, lautete:

Ich möchte wie Jesus sein.
Ich möchte sein wie er!
Sein Geist führt mich,
er überschüttet mich mit Liebe.
In Wort und Tat – ich möchte sein wie er.

Kathi war still und nachdenklich, wenn sie die biblischen Geschichten hörte und wenn sie betete. Sie schien schon im frühen Kindesalter zu verstehen, was es bedeutete, Jesus zu vertrauen.

Es war an einem späten Sonntagnachmittag – Kathi näherte sich ihrem fünften Geburtstag – als sie zu mir kam, meine Hand nahm und nachdrücklich sagte: »Mama, sag' Cindy, sie soll aus dem Zimmer gehen.«

»Warum, Liebling?« fragte ich.

Sie zog mich zu sich herab und flüsterte: »Weil ich Jesus in mein Herz holen möchte.«

Ich gab Cindy ein Zeichen, das Zimmer zu verlassen. Kathi und ich knieten uns am Sofa nieder.

»Lieber Herr Jesus«, betete Kathi mit ihrer zarten Stimme, »bitte kehre heute in mein Herz ein.« Meine Augen füllten sich mit Tränen, als ich sie umarmte. »Hör zu, Kathi, wenn wir Jesus in unser Herz bitten, wird er uns nie verlassen. Er versprach, immer bei uns zu sein.«

Sie nickte, und ihre sonst tanzenden schwarzen Augen waren ruhig und ernst.

Es war das erste Mal, daß Kathi bewußt ihr Leben in die Hand ihres Herrn gegeben hatte. Es war der erste Schritt auf einem Weg, der sie immer näher zu Jesus führen sollte.

KAPITEL III

Nachdem wir aus Kalifornien zurückgekehrt waren, sahen wir Michigan plötzlich mit anderen Augen. Wir waren von der Schönheit der Küstenstadt Pacific Palisades völlig geblendet worden. Im April an den Strand gehen, den Rasen im Dezember mähen und Stiefeln und Fausthandschuhen für immer Lebewohl sagen – dies schien uns alles zu schön, um wahr zu sein. Daher zogen wir sofort um, als Vern eine Stelle in Kalifornien angeboten wurde. Wir kauften ein kleines Haus, das nur ein paar Häuserblocks von dem meiner Eltern entfernt war, und ließen uns dort nieder, um einen neuen Lebensabschnitt zu beginnen. Zwar – als dann in jenem Jahr die Weihnachtszeit kam und wir an Schneemänner, Rodeln und behagliche Abende am Kaminfeuer dachten, hatten wir alle einen Kloß in der Kehle. Wir benötigten einige Zeit, bis wir uns an den kalifornischen Lebensstil gewöhnt hatten – aber es dauerte nicht allzulange. Bald lernten wir, wie man im Freien lebt, hinterm Haus grillt und Weihnachtsgeschenke in Sommerkleidern einkauft. Sonnenbrillen waren so unentbehrlich wie Autoschlüssel – es schien ein Land zu sein, in dem es keinen Regen gab. Wir brauchten auch nicht lange, bis wir uns an die lärmenden, verkehrsreichen Straßen gewöhnt hatten. Ein Ort war nie Meilen entfernt, es waren entweder Minuten oder Stunden. Wir genossen Disneyland, Knotts Berry Farm und gelegentlich den Anblick einer berühmten Persönlichkeit. Unser viertes Kind, David, wurde in demselben Jahr geboren, in dem wir uns in Kalifornien ansiedelten, und unser Gebet um einen Bruder für Richard war erhört worden.

»Genau so wie wir es bestellt haben.« Vern und ich waren stolz vor Freude. »Zwei Mädchen und zwei Jungen.«

Ich war jedoch etwas voreilig in meiner Selbstgefälligkeit, denn David war gerade neun Monate alt, als ich die altertraute Übelkeit verspürte. Ich eilte zum Arzt und hörte die schon wohlbekannten Worte: »Nun, Frau Johnson, sie bekommen ein Kind.« Es war zu viel, zu früh, dachte ich ärgerlich, als ich nach Hause fuhr. Wie um alles in der Welt würden wir je für fünf Kinder sorgen können! Unser Haus war zu klein, unsere Finanzen waren noch kleiner, und meine Kraft war am kleinsten.

»Ich kann es nicht glauben«, sagte ich neun Monate lang. Und sogar noch auf dem Weg ins Krankenhaus fühlte ich den Groll in mir, daß dieses Kind unsere wohlüberlegten Pläne zunichte gemacht hatte. Aber als Danny dann in meinen Armen lag, verschwand der ganze Groll. Er war ein schöner, gesunder Junge. Ich war sicher, daß Gott uns durch ihn etwas Besonderes zeigen wollte.

Die lustigen, ruhigen Tage waren jedoch zunächst vorüber. Das Leben zeigte sich von seiner rauhen Alltagsseite: Schoppenfläschchen, Windeln, Kopfwaschen, Haarekämmen, Schuheputzen und die endlosen Nächte mit Säuglingsgeschrei wurden zum Alptraum. Mir schien es, als seien meine einzigen Worte nur noch: »Nein, nein, nicht anfassen . . . verschütte deine Milch nicht . . . schlafe jetzt endlich . . .«

»Dies sind die besten Jahre deines Lebens«, pflegten die Leute zu sagen, und ich nickte dann müde und ungläubig. Drei Jungen, alle unter drei Jahre alt, schienen meine ganze Kraft restlos zu verzehren. Die Mädchen wurden morgens schnell zur Schule geschickt, ihre Fragen an mich blieben unbeantwortet.

Mittags nach der Schule tröstete sich Cindy, indem sie sich in ein Buch vertiefte. Kathi aber verbrachte immer mehr Zeit bei ihren Freundinnen. Schon damals wurde meine Verbindung mit ihr langsam brüchig.

Ich wünschte von ganzem Herzen, daß ich Kathi irgendwie an mich binden könnte, aber es schien dafür keine Zeit oder keinen Weg zu geben. Sie war selbständig und fand ihren Ausgleich draußen bei Freundinnen; denn unser Haus platzte vor Kindern ja bald aus den Nähten.

»Sag' doch selbst, Mama«, meinte sie einmal, »du hast zu viele Kinder.«

Ich antwortete ihr nicht, aber ich wurde sehr niedergeschlagen. Überall in Pacific Palisades herrschte Wohlstand – nur nicht in unserem Haus. Wir benötigten dringend mehr Platz für unsere heranwachsenden Kinder.

Los Angeles mit seinen vielen Vororten erstreckte sich über ein großes Gebiet von Südkalifornien, und saftige Wiesen, auf denen einst Orangenbäume blühten, verwandelten sich in graue Wohnsiedlungen. Randgebiete wurden zu eigenständigen Gemeinden, die sich um große Einkaufszentren konzentrierten.

In einiger Entfernung vom Meer, hinter den Bergen, lag das San-Fernando-Tal, eines der am schnellsten wachsenden Vorortgebiete von Los Angeles. Sonntagnachmittags fuhren wir oft mit den Kindern durch den Topanga Cañon in dieses Tal, um uns nach einem geeigneten Haus für unsere Familie umzusehen, das natürlich auch nicht zu teuer sein durfte.

Wenn wir die Bergstraße an ihrer höchsten Stelle erreicht hatten und hinunter ins Tal fuhren, eröffnete sich uns der Ausblick auf ein riesiges Häusermeer. Wir fuhren durch viele Straßen und durchqueren ein Wohngebiet nach dem anderen. Nachdem wir uns bereits einige Häuser angeschaut hatten, betraten wir eine Art Bauernhaus – und wie aus einem Munde sagten wir: »Dies ist das richtige . . .« Wir zogen im Spätsommer mit unserer kleinen Sippe dort ein.

Es war ein langer, heißer Sommer im San-Fernando-Tal. Eine Krise nach der anderen kam auf unsere Familie zu.

Ich ging wegen einer Routineoperation ins Krankenhaus, aber dann traten Komplikationen ein, und ich mußte die schönsten Sommermonate im Krankenhaus verbringen. Eine riesige Arzthonorar-Rechnung war das Ergebnis dieser Krankheit. Es schien daher nur eine Lösung zu geben: Sobald ich meine Kraft zurückgewonnen hatte, mußte ich arbeiten gehen.

Im Frühling wurde Cindy ernsthaft krank und mußte ins Krankenhaus. Danach war sie auf Anordnung der Ärzte für sechs Monate ans Bett gefesselt. Cindy und ich kamen uns durch die Krankheit sehr nahe, und Kathi fühlte sich immer mehr als das fünfte Rad am Wagen.

Wir hänselten Kathi oft, weil sie immer diejenige sein mußte, die die Haustüre offenhielt, während ich mit einem Kind nach dem anderen zum Arzt eilte. Kathi schien mir gegen jede Krankheit immun zu sein. Ich fühlte, daß wir ihr irgendeine Freude machen sollten, weil ich soviel Zeit mit Cindy und den Jungen verbringen mußte. Deshalb beschlossen Vern und ich, ihr den kleinen Hund zu kaufen, den sie sich so sehr gewünscht hatte.

»Ich werde für ihn sorgen; ich werde ihn füttern; und wenn er etwas schmutzig macht, werde ich alles aufputzen.« Kathi war außer sich vor Begeisterung.

Und so kam Queenie in unser Heim – ein kleines, schwarz-weißes Energiebündel, das genau zu Kathi paßte. Tagsüber jagten sie einander im Hinterhof herum, und abends schmiegte sich Queenie leise knurrend an Kathi. All die Liebe und Zärtlichkeit, die sich in Kathi aufgestaut hatte, verschwendete sie damals an diesen kleinen Hund.

Wo immer Kathi war, da war auch Queenie. Oft fand ich Queenie nachts mit ihr zusammengekuschelt im Bett, wo er sich unter der Decke am Fußende des Bettes versteckte.

Eines Tages, als ein Lastkraftwagen mit heulendem Motor rücksichtslos durch unsere Straße fuhr, erfaßte er den hilflosen Queenie und tötete ihn sofort. Kathi war untröstlich. »Kommen kleine Hunde in den Himmel, Mama?« fragte sie mich, während die Tränen ihr die Wangen hinabliefen.

Ich weinte mit ihr, als wir Queenies Sachen wegschafften. Und obwohl ich versprach, ihr bald wieder ein Hündchen zu kaufen, kam Kathi, die so empfindsam und zartfühlend war, lange Zeit nicht über den Verlust des geliebten Tieres hinweg.

KAPITEL IV

»Nun, Kinder . . .« sagte Vern, als ich eine Bürostelle in der Nähe unserer Wohnung gefunden hatte, »Mutter wird arbeiten gehen, und ihr werdet nun alle auch ein wenig Verantwortung tragen müssen.«

Von Cindy, die gerade zur High School gekommen war, wußte ich, daß sie verständnisvoll und hilfsbereit sein konnte und daß sie genau das tun würde, was man ihr auftrug. Kathi war zwölf, und wir meinten, daß sie bei der Betreuung der Buben mithelfen sollte. Danny würde bei meiner Mutter bleiben müssen, während ich bei der Arbeit war. Es schien die einzige Lösung für unser schwieriges finanzielles Problem zu sein.

Kathi hatte bereits so viele Freunde in der Gegend und so viele Dinge zu tun, daß es für sie zunehmend schwieriger wurde, sich all der häuslichen Verpflichtungen zu entsinnen. Ich ertappte mich bei dem Wunsch, sie möge doch nur ein bißchen von Cindys Freundlichkeit, Gehorsam und Ruhe angesteckt werden. Kathi war ein Wildfang, der gerne Vaters T-Shirts und Blue Jeans trug. Ihr Haar war lang, und die Stirnfransen schienen ihr ständig in die Augen zu hängen. Oh, diese Kämpfe, die wir wegen ihrer Frisur ausfochten! Bitten, schelten, drohen – nichts half.

»Mami«, kam Kathi eines Tages auf mich zu. »Aileen nimmt Klavierunterricht, und ich könnte zusammen mit ihr am selben Abend hingehen. Darf ich?«

»Darüber bin ich mehr als froh, Liebling«, sagte ich zu ihr, »aber du mußt versprechen, zu üben.«

Musik war immer schon ein Teil meines Lebens gewesen – manchmal war sie mir sogar eine Hilfe.

Der Gedanke, meinen Kindern die Möglichkeit zum Klavierspielen geben zu können, bereitete mir die größte Freude.

Ich dachte auch, daß wir vielleicht durch dieses gemeinsame Hobby die Kluft zwischen uns überbrücken könnten.

Ich hatte unrecht! Klavierunterricht war nichts für Kathi. Sie spielte gern und sang und machte ihre eigenen Stücke, aber Üben war für sie eine Qual. Tonleitern und Etüden waren eine lästige Sache. Ich saß oft auf der Klavierbank, um ihr zu helfen, und wir brachen dann zuletzt beide in Tränen aus. »Das ist nicht richtig, Kathi«, hatte ich etwa dabei betont. »Jetzt spiele es noch einmal.« Sie spielte es dann noch einmal mit dem gleichen Fehler. »Jetzt hör' zu, so mußt du es machen . . .«, und dann spielte ich ihr das ganze Stück vor. »Probier' es.«

»Ich bin müde. Ich möchte nicht mehr üben.«

»Aber du hast heute abend Klavierstunde.«

»Ich weiß. Ich werde Frau Rubins fragen, ob ich etwas spielen darf, was mir besser gefällt«, sagte Kathi; und sie tat es. Von der Klavierstunde brachte sie dann das damals sehr bekannte kleine Stück »Tammy« mit nach Hause, und am Ende des Abends spielte sie es in eigener Version und mit eigenen Ausschmückungen. Arme Frau Rubins! Sie konnte Kathi nie verstehen. Sie wollte ihr beibringen, wie man *Klavier spielt* – aber alles, was Kathi wollte, war *spielen*. Kathis Jugendjahre waren ausgefüllt mit ständigen Mahnungen von Vern und mir: »Kathi, putze dein Zimmer!« – »Du mußt zum Zahnarzt gehen und dir deine

Klammern richten lassen!« – »Bereite dich doch besser auf den Klavierunterricht vor!« – »Paß' auf deine Brüder auf!« Dies alles waren nur ein paar von den Dingen, denen sie aus dem Weg zu gehen versuchte.

Sie wollte viel lieber beim Baseballspiel an der Ecke zusehen oder unten auf der Straße Korbball spielen oder mit Aileen oder Candy in der Stadt herumbummeln oder den Tag in Candys Swimming-Pool verbringen.

In dem Sommer, als Kathi dreizehn wurde, zogen wir gezwungenermaßen in ein größeres Haus um, das nur ein paar Häuserblocks von ihrer High School entfernt war. Nun gingen auch die drei Jungen zur Schule, und wir waren darauf angewiesen, daß sich unsere Mädchen um ihre Geschwister kümmerten.

»Kathi«, sagte Vern immer wieder, »komm' gleich nach der Schule heim und passe auf die Jungen auf.«

Theoretisch war sie damit voll einverstanden.

»Bestimmt, Vati«, lächelte sie treuherzig.

Aber nach der Schule hatte sie noch so viel anderes zu tun, so viele Plätze zu erkunden, mit so vielen Freunden zu plaudern, daß sie oft erst zum Abendessen nach Hause kam.

»Ich hab's vergessen«, sagte sie dann, und ihre dunklen Augen blickten unschuldig drein.

Kaum war das Abendessen vorüber und das Geschirr gespült, kaum waren die Hausaufgaben erledigt, hing Kathi auch schon am Telefon und beriet sich mit Sharon oder Michele oder Nancy darüber, wie und wo sie sich morgen treffen und was sie anziehen würden. Wenn sie ein besonders interessantes Thema hatten, ging das den ganzen

Abend hindurch, bis Kathi schließlich todmüde ins Bett fiel.

Kathis Energie war morgens allerdings wie weggeblasen, und das Aufstehen artete regelmäßig zu einem mittelgroßen Manöver aus. Sie war zweifellos ein Nachtmensch. Während der ganzen Morgenprozedur und beim Frühstück war sie so benommen, daß Anweisungen für den Tag zu dieser frühen Stunde bei ihr nie anzukommen schienen.

Kathi wurde bald der Liebling der Nachbarschaft in unserem neuen Wohnblock. Sie war Baby-Sitter und Freundin für die jüngeren Frauen in der Straße. Alle hatten sie gern. Aber für mich war es mehr als beunruhigend, daß ihre eigenen Hausarbeiten liegenblieben, während sie einer Nachbarin half, das Haus zu putzen oder ihre Kinder zu hüten.

»Vern, du mußt mit diesem Mädchen reden . . .« Sie wurde bald »dieses Mädchen« genannt nach einer gerade laufenden Fernsehserie mit demselben Titel. Sie ähnelte nicht nur dem Star dieser Sendung, sondern sie war auch die gleiche überschwengliche Persönlichkeit. Jeder, der sie kannte, nannte sie eine Weile nur noch »dieses Mädchen«.

Vern führte in seiner sanften, verständnisvollen Art lange Gespräche mit ihr, und sie ging auf ihn ein und versprach ihm, ihr Zimmer sauber zu halten, ihre Haare zu kämmen, nicht barfuß zu laufen und gleich nach der Schule heimzukommen.

Während dieser stürmischen Jahre war Vern auch mir eine große Hilfe. Er und Kathi verstanden sich gut, und er konnte sie überzeugen. »Laß sie nur«, ermahnte er mich, »sie wird schon zurechtkommen.«

Vern war auch dann eine starke Stütze für Kathi, als sie anfing, die Grundlagen des Glaubens anzuzweifeln, von denen sie als Kind so fest überzeugt gewesen war. »Vati, wie können wir wissen, daß unsere Religion die einzig richtige ist?« fragte sie Vern eines Abends nach dem Gottesdienst. Vern holte die Bibel, setzte sich zu Kathi an den Tisch und schlug geduldig verschiedene Verse auf, die sie lesen und über die sie nachdenken sollte. »Siehst du«, erklärte Vern, »die Sünde hatte eine große Kluft zwischen Gott und den Menschen geschaffen, und es gab nichts, was diese Kluft überbrücken konnte – mochte man auch noch so ein gutes Leben führen und sich noch so sehr anstrengen, es half nichts. Deshalb kam Gott selbst in der Gestalt von Jesus Christus, um die Brücke zu sein. Wenn wir an ihn glauben, ihm vertrauen, daß er unsere Sünden vergibt, und ihn bitten, der Herr unseres Lebens zu werden, dann nimmt uns Gott zu sich auf, weil Jesus sich auf Golgatha für uns hingab.«

Kathi hatte noch mehr Fragen, als sie mit Teenagern anderer Glaubensrichtungen zusammenkam, aber der immer geduldige Vern half ihr. Sie begann, Gottes Wort selbst zu studieren, und ich fand oft Zettel mit herausgeschriebenen Bibelversen neben ihrem Bett. Sie suchte Gott, und sie suchte Antworten auf ihre Fragen.

»Aber was ist mit all den Menschen, die nie etwas davon gehört haben, Vater? Was ist mit meinen Freunden? Genügt es nicht, ein guter Mensch zu sein?«

»Das ist eine alte Frage, Kathi, und auch eine gute«, antwortete Vern. »Wir können Gott vertrauen, daß er uns hilft, das zu tun, was richtig und redlich ist. Aber es ist unsere Pflicht, jedermann überall von Jesus zu berichten. Mit anderen Worten, wir müssen das tun, was er sagt: Zeugnis für ihn ablegen.«

Eines Nachts, als ich an Kathis Zimmer vorbeikam, hörte ich sie weinen. Ich öffnete die Tür, ging hinein und setzte mich auf ihre Bettkante.

»Was hast du, Liebling?«

»Es ist wegen Gott. Er antwortet nicht auf meine Gebete. Ich bete und bete, und er antwortet nicht.«

»Er wird bestimmt antworten, Liebling.« Ich strich ihr die langen schwarzen Haare aus dem Gesicht und küßte ihre nassen Wangen.

»Manchmal dauert es eine Weile, und wir werden ungeduldig, aber Gott antwortet immer – irgendwie, auf irgendeine Art. Ich weiß es. Ich habe es selbst erfahren.«

Kathi befand sich innerlich gerade in dem Stadium, in dem sie versuchte, zu sich selbst zu finden: sie zweifelte an Gott und zweifelte an sich selbst. Es war eine Entwicklungsstufe, ich wußte es; und ich war dankbar für die Augenblicke, in denen sie sich mir gegenüber öffnete und mir ihre Probleme mitteilte. Sie erzählte mir von den Sorgen ihrer Klassenkameraden, die sie sehr belasteten. Sie war zutiefst besorgt über ihre Freunde und beschäftigte sich mit ihren Problemen, als ob es ihre eigenen wären.

»Du bist noch zu jung, um jedermanns Sorgen zu bewältigen, Kathi«, sagte ich dann zu ihr, aber sie kümmerte sich nicht darum.

Durch ihr starkes Suchen erhielt Kathi Antworten auf viele ihrer Fragen und wurde stark im Glauben. Sie war »mit Gott im Einklang«.

Die Schultage der Unterstufe gingen dem Ende zu, und Kathi wurde immer mehr von ihren Schulfreunden in Beschlag genommen. In den vergangenen Jahren war sie im

Sommer auf christliche Freizeiten gefahren und mit der Jugendarbeit unserer Gemeinde beschäftigt gewesen. Damit war es jetzt vorbei.

»Ich habe mich nicht von Gott abgekehrt«, sagte sie, »ich brauche nur Ruhe, um nachdenken zu können.«

Die turbulente Zeit zwischen Kathi und mir nahm ihren Anfang.

KAPITEL V

»Aber ich möchte nicht mitgehen«, protestierte Kathi laut. »Ich kann mit Cindy hierbleiben. Es wird mir überhaupt keinen Spaß machen.«

Wir hatten die Absicht, unseren Urlaub in diesem Jahr in Yosemite zu verbringen und dort ein rauhes Leben in der Natur zu führen. Vern kaufte ein Zelt und Schlafsäcke und alles, was wir sonst noch benötigten. Ich konnte nicht gerade behaupten, daß dies meinen Vorstellungen von einem erholsamen Urlaub entsprach, aber ich wußte, daß es den Jungen gefallen würde. Die heißen Sommertage, die das Tal jedes Jahr von Juni bis Oktober zu einer Sauna werden ließen, hatten uns völlig ausgelaugt. Es würde eine Wohltat sein, aus der Hitze und dem Dunst herauszukommen und klare Gebirgsluft zu atmen.

Kathi schmollte, aber ich bestand darauf, daß sie mit uns kam. Offenbar brachte sie es einfach nicht übers Herz, sich während des Sommers von ihren Freunden zu trennen. »Es wird dir Spaß machen, wenn wir erst einmal dort sind«, ermutigten wir sie; und schließlich begann sie widerwillig ihren Koffer zu packen.

Die lange Fahrt hinauf ins Yosemite-Gebirge und das Geschrei der Jungen, die gerade in ihrem lauten, ungestümen Alter waren, ließen Kathi immer tiefer in ihren Autositz versinken.

Als wir endlich einen Zeltplatz gefunden und unser Zelt aufgestellt hatten, war es dunkel.

»Seid vor den Bären auf der Hut!« riefen unsere Zeltnachbarn.

»Bären?« sagte ich und warf einen prüfenden Blick auf Kathi, die sogar vor einer Motte Angst hatte.

Am nächsten Morgen waren wir früh aufgestanden, und Vern machte Kaffee auf dem Kocher, während wir uns ankleideten. Oh, es war furchtbar kalt! Die Jungen, die in ihren Unterhemdchen herumsprangen, fühlten sich wie die größten Abenteurer aller Zeiten, und das Frühstück im Freien war die absolute Spitze. – Kathi aber war sehr still.

Ich fürchtete, die folgende Woche würde für sie eine riesige Pleite werden. Aber am späten Nachmittag wurde ein schöner, großer Wohnwagen neben uns aufgestellt, und zwei Teenager sprangen heraus. Wie es unter Campern nun so üblich ist (und wir kamen uns schon so vor, als würden wir unseren Urlaub immer im Zelt verleben), luden wir die Neuankömmlinge zu einer zünftigen Grillparty ein.

Kathi kam in Fahrt, überschäumend wie immer. Mit Mädchen ihres Alters war sie wieder ganz in ihrem Element. Zu dritt gingen sie am nächsten Tag auf eine Wanderung, und als sie zum Zeltplatz zurückkamen, hatte Kathi einen Jungen dabei. Sie gingen barfuß und hielten sich an den Händen. Auch jede ihrer beiden Freundinnen hatte einen Jungen im Schlepptau.

»Übrigens, das ist Mike«, sagte Kathi beiläufig zu uns, als würde sie ihn schon ihr ganzes Leben lang kennen.

Kathi war wieder lebhaft, so wie man es von ihr gewohnt war. Ob sie unter der Brücke schwimmen ging, mit Mike Waldpfade durchstreifte oder auf einer Bank saß und Cola trank – sie zeigte wieder ihr strahlendes Lächeln.

»Ist das wirklich dasselbe Mädchen, das wir hier heraufbrachten?« fragte Vern voller Staunen.

Wir trafen uns in dieser Woche allerdings selten. Nach einem herzhaften Frühstück im Freien ging sie mit Mike fort, und erst nach Sonnenuntergang sahen wir sie wieder.

»Eigentlich hatte ich gedacht, es würde hier oben anders sein«, klagte ich. Ich war jedoch nicht allzu unglücklich, sondern freute mich, daß sie ihren Spaß hatte.

Mike war eine Jugendfreundschaft. Kathi war fünfzehn und hatte nun einen Jungen gefunden, der dieselben Dinge mochte wie sie.

»Können wir nicht noch einen Tag bleiben, nur einen einzigen Tag«, bettelte sie am Abfahrtstag, während ihre beiden Freundinnen aufgeregt hin- und herliefen und Mike schüchtern daneben stand.

»Ich fürchte nein, Liebling«, sagte ich zu ihr. »Wir müssen zurück.«

Die Heimfahrt war eine Wiederholungsvorstellung. Kathi war still. Sie war sich schon sicher, daß sie Mike nie wiedersehen würde.

»Er wird mir schreiben«, sagte sie. »Und vielleicht besucht er mich irgendwann.«

Nachdem wir wieder zu Hause waren, brauchte Kathi nicht lange, bis sie mit ihren Freundinnen wieder im alten Fahrwasser war. Sie und Mike schrieben sich anfangs treu, aber als er sie endlich besuchte, hatte sie fast vergessen, wer er war.

Jedenfalls gab es so viele andere Dinge, an die man denken mußte.

Kathi bereitete sich auf den größten Augenblick ihres Lebens vor – sie war so weit, in die High School einzutreten. Alle unsere Gedanken und Pläne beschäftigten sich jetzt mit diesem Tag, an dem sich ein neues Tor zur großen, weiten Welt öffnen sollte: die Cleveland High School. Viele ihrer Freundinnen gingen auch dorthin.

Bis jetzt hatte ich Kathis Freunde gebilligt und willkommen geheißen, aber bald sollte sich meine Haltung ihren Freunden gegenüber ändern. Ich lernte nämlich Felicia kennen.

»Mama, das ist Felicia«, sagte sie in jenem November, und es klang so, als würde sie sagen: »Sie ist etwas Besonderes.«

»Sie geht nicht auf die Cleveland High School«, fuhr Kathi fort, »ich traf sie im Y-Klub; sie geht auf die St. Genevieve.«

Etwas später erfuhr ich, was Kathi über ihre beginnende Freundschaft mit Felicia geschrieben hatte. Es war ein Aufsatz für den Englischunterricht mit dem Titel: »Ein Ereignis in diesem Jahr, das mir viel bedeutete.«

> »Im September 1966 trat ich mit hohen Zielen und ernsten Absichten in die High School ein. Schon im Oktober 1966 haßte ich die Schule, und im November konnte ich es nicht mehr erwarten, mein Abschlußexamen zu machen. Im November lernte ich ein Mädchen kennen, das mich fragte, ob ich dem Y-Klub beitreten wolle. Es war zu jener Zeit das einzig richtige, was ich tun konnte.
>
> Nun, um eine lange Geschichte kurz zu fassen, ich lernte noch ein Mädchen kennen, das heute meine beste Freundin ist, und diese Geschichte handelt

von ihr. Wenn ich erzähle, wie wir Freundinnen wurden und was wir alles erlebt haben, erwarte ich von niemandem Verständnis. Ich schreibe dies hauptsächlich, weil ich glaube, daß wir beide einfach großartig sind.

Als ich den Klub das erste Mal besuchte, traf ich gleich auf ein Mädchen, das große Ohren hatte und Felicia hieß. Man wird sich wundern, warum ich dies erwähne, aber wegen dieser Sache wurden wir Freundinnen. Ich lief zu ihr hin und rief: ›Du hast ja auch große Ohren!‹ Nun, als sie die meinen sah, begannen wir beide zu lachen und lachen noch heute darüber. Es war Freundschaft auf den ersten Blick, und wir fingen an, sofort Pläne zu schmieden. Wir wollten die Welt erobern, und wir haben sie tatsächlich erobert – zumindest in dem Sinne, wie wir es verstehen. Unser erster gemeinsamer Plan sollte beweisen, daß wir furchtlos waren. Felicia verbrachte die Nacht bei mir, und wir beschlossen, uns etwa um Mitternacht nach draußen zu schleichen. (Es war sehr schwierig, da wir ein zweistöckiges Haus haben und mein Zimmer im zweiten Stock ist.) Wir gelangten hinaus, schlichen zu den gegenüberliegenden Neubauten und sahen uns in den Räumen um. So begannen unsere ›Forschungsreisen‹. Wir bummelten das ganze Semester hindurch, bis die Sommerferien kamen. Der Sommer '67 war die schönste Zeit meines Lebens. Ich lernte eine Menge über die Leute und über das Leben im allgemeinen, und es war mir egal, ob ich beliebt war oder nicht. Wir verließen beide den Klub, weil er uns nichts mehr bedeutete, und fingen an, das zu tun, was wir wollten. Wir gingen häufig zum Strand und lernten neue Menschen kennen. Als der Sommer vorüberging und die Schule wieder begann, mußten wir uns überlegen, wie wir den Unterricht schwänzen konnten. Wir hatten uns viele Methoden ausgedacht, und sie klappten alle. Eines Tages, als wir bei mir zu Hause waren, rief Felicias Mutter an und entdeckte uns. Das bedeutete für eine Weile das Ende des Schuleschwänzens.

Dies sind nur ein paar Dinge, die wir unternommen haben, aber nach dem Schulabschluß planen wir, eine kleine Reise zu machen. Und danach – wer weiß?«

Ich kann mich nicht entsinnen, welche Note Kathi für diesen kleinen Aufsatz bekommen hat, aber ich hätte ihr eine »Eins« gegeben – zumindest für ihre Offenheit.

Sie und Felicia dachten sich ständig neue Wege aus, um zusammen zu sein, sei es mit dem Auto oder per Telefon.

»Ich kann Felicia nicht leiden«, sagte ich eines Tages zu Vern. »Ich wünschte, Kathi würde einige Freunde in unserer Gemeinde finden.«

Felicia war ein großes, hübsches Mädchen mit langem, schwarzem Haar. Sie war ein nach innen gerichteter Mensch, gelassen und natürlich, der Kathis offene und weitherzige Persönlichkeit harmonisch ergänzte. Ich wußte, daß mein Urteil über Felicia voreilig und unbegründet war, aber ich hatte diesen Standpunkt nun einmal bezogen und wollte ihn nicht aufgeben. »Ich kann sie einfach nicht leiden, Kathi«, sagte ich immer wieder. »Sie scheint – wie soll ich sagen – unglücklich zu sein.«

»Felicia ist meine beste Freundin, Mama!« erwiderte Kathi.

»Ich mag sie trotzdem nicht«, und ich fühlte, wie mir etwas die Brust zuschnürte, als Kathi sich abrupt abwandte. Die Kluft zwischen uns wurde immer größer.

»Ich verstehe Kathi nicht«, beklagte ich mich in dieser Nacht bei Vern. »Sie liebt ihre Freundinnen mehr als uns. Ständig hat sie etwas mit ihnen vor.«

»Diese stürmische Zeit wird vorübergehen, Liebling«, ermutigte mich Vern, »sie wird reifer werden.« Aber die Zusammenstöße zwischen Kathi und mir häuften sich.

»Kathi, du solltest dir christliche Freundinnen aus der Gemeinde suchen!«

»Das stimmt nicht, Mama«, widersprach sie in ihrer direkten Art. »Wenn alle meine Freunde an Christus glauben würden, wie könnte ich sie dann für den Herrn gewinnen?«

Ich konnte dieser Logik nichts entgegensetzen, aber ich hatte Angst, wenn ich an all die Versuchungen dachte, die an sie herantreten konnten. Ich fürchtete, daß Kathi in ihrer impulsiven Art bereit war, alles einmal auszuprobieren. Ich wußte nicht, daß meine willensstarke Tochter in Wirklichkeit überall für Christus einstand und nie in ihrem Glauben nachgab. Kathi verabredete sich z. B. mit Tom, einem andersgläubigen Jungen. Die ganze Familie mochte Tom; er war taktvoll, freundlich und hatte einen ansteckenden Sinn für Humor. Aber Tom war so felsenfest von seinem Glauben überzeugt wie Kathi von dem ihren. Oft endeten ihre Verabredungen mit Auseinandersetzungen und Streitgesprächen über den jeweiligen Glauben, bis Kathi sich nicht mehr mit ihm traf.

»Ich könnte nie einen Jungen heiraten, der einen anderen Glauben hat«, sagte sie zu mir.

Ich glaube, von allen Freundinnen (und besonders Freunden), die sich zu Kathi hingezogen fühlten, war John derjenige, der sie wirklich verehrte. John hatte sein Abschlußexamen an der Cleveland High School gemacht und besuchte nun die Riverside-Universität. Er schien genau in unsere Familie zu passen, und wir bewunderten ihn alle.

John tat alles, um Kathi jeden Wunsch zu erfüllen. Einmal erwähnte sie, daß sie gern einen Ring mit einem echten Stein hätte. Es dauerte nicht lange, da schenkte John ihr auch schon einen Ring mit einem kleinen blauen Edelstein. Kathi trug ihn ständig, auch als sie John nicht mehr bevorzugte und sich mit anderen traf.

Aber Kathi konnte sich nicht lange mit einem Jungen treffen, ohne ihm von ihrer Liebe zum Herrn Jesus Christus zu erzählen und ihm zu sagen, was der Glaube ihr bedeutete.

Bald begleitete John Kathi zu unseren Gottesdiensten, weil er selbst herausfinden wollte, wovon sie so begeistert war.

Ich saß an jenem Sonntagvormittag am Klavier, als sich John hinter Kathi schob und den Chorgang hinunterging, um Pfarrer Smiths Einladung zu folgen und Christus als Retter anzunehmen. Jim Wallis, ein Missionar aus Brasilien, der gerade auf Heimaturlaub war, nahm John mit in die Sakristei, um mit ihm zu sprechen. An diesem Tag hatte Kathi ihren ersten Freund zu Jesus Christus geführt.

Sogar Felicia – streng in einem anderen Glauben erzogen – hörte Kathi zu, wenn sie über Christus sprach. Und an einem Sonntag, nicht lange nach Johns Bekehrung, ging auch Felicia den Chorgang hinunter. Sie war die zweite, die aufgrund von Kathis Zeugnis Christus persönlich kennenlernte.

KAPITEL VI

Im Frühling von Kathis drittem High School-Jahr erfuhren wir, daß mein Vater an Leukämie erkrankt war und wahrscheinlich nur noch sechs Monate zu leben hatte. Niedergeschlagen und still saßen wir zum Muttertag am Tisch meiner Eltern, und keiner wagte auszusprechen, was alle dachten – dies konnte schon das letzte gemeinsame Essen sein. Vater saß wie immer an der Stirnseite des Tisches und sprach über seinen wundervollen Heiland. Vater war in jeder Hinsicht der Herr des Hauses, der Glanz unseres Heimes. Ohne ihn würde alles so leer sein.

Die ganze Familie saß um ihn herum, mein Bruder mit seinen Kindern und unsere Kinder – außer Kathi. Als wir mit dem Essen fertig waren und uns bei Nachtisch und Kaffee entspannten, kamen Kathi und John hereingestürzt.

»Was gibt's zu essen, Großmutter?« rief sie und begrüßte ihren Großvater mit einem Kuß. John und Kathi setzten sich mit »Aah . . .« und »Ooh . . .« an den Tisch, während Großmutter – immer schnell bereit, ihre Enkel zu bedienen – ihnen leckere Speisen brachte.

»Ich hab das Mädchen gern«, sagte Vater ruhig zu mir. »Sie hat vor nichts Angst. Sie ist mein Mädchen.« Seine Augen leuchteten.

Dieses Gefühl beruhte auf Gegenseitigkeit; auch Kathi liebte ihren Großvater. Ein paar Wochen später, als er sterbend im Krankenhaus lag, stand sie am Fuße seines Bettes.

»Großvater«, sagte sie mit Tränen in den Augen, »ich habe gerade meine beiden besten Freunde zu Christus geführt.«

»Das ist wunderbar, Liebling.« Er lächelte schwach.

»Das war ein gutes Werk. Mache weiter so!«

Ich stand da und schaute sie an. Wie sie sich doch ähneln, dachte ich, beide sind so dynamisch in ihrem Zeugnis für Christus!

In den ersten Junitagen trugen wir Vater zu Grabe. Nach dem Gottesdienst hörte ich zufällig, wie Kathi mit einer weinenden Freundin der Familie sprach.

»Sei nicht traurig wegen Großvater, er ist jetzt beim Herrn.« Und dann fuhr sie fort, ihr zu erklären, wie sie mit Sicherheit wissen konnte, daß auch sie in den Himmel kommen würde.

Später las ich in Kathis Tagebuch: »Ich möchte genauso sein wie Großvater. Ich möchte allen Menschen von Jesus erzählen.«

Ich habe oft gehört, daß Väter eine besondere Art haben, mit Töchtern umzugehen, und dies traf sicherlich auch in unserem Fall zu. Vern verstand Kathi und sagte ihr oft, wie stolz er auf sie sei – und sie gab ihm allen Grund, stolz zu sein. Sie schien jeden Berg erklimmen, alles wagen, alles tun zu können. Sie wurde von ihren Schulkameraden als »das Mädchen, mit dem man am liebsten auf einer einsamen Insel leben möchte« gewählt.

Kathi liebte jeden – alte Leute, behinderte Kinder, Tanten, Onkel, Kusinen, Großmütter –, und sie alle erwiderten bald ihre Zuneigung. Nur Leute, die sie als »Schwindler« und »Heuchler« bezeichnete, konnte sie nicht leiden.

Schon beim kleinsten Anzeichen dieser Eigenschaft sträubte sich alles in ihr.

»Ich will ich selbst sein. Ich will kein Heuchler sein«, sagte sie immer wieder. »Nehmt mich, wie ich bin! Ich bin nicht Cindy! Ich bin ich!«

Als sie im Sommer half, die Kinder in der Bibelschule zu unterrichten, liefen sogar die scheuesten der kleinen Dreikäsehochs ihr geradezu nach. Sie hatte eine besondere Art, mit Kindern umzugehen. Der Erfolg zeigte sich daran, daß die Kleinen sogar an unserer Tür klopften und nach ihr fragten. Sie ging dann hinaus, um mit Dede oder Kevin spazierenzugehen oder ihre Fragen zu beantworten. Kathi zurückzuhalten wäre genauso vergeblich gewesen wie der Versuch, Rauch mit den Händen einzufangen.

Ich versuchte jedoch, ihr entgegenzukommen und ihren wirbeligen, weltoffenen und freien Lebensstil zu akzeptieren.

KAPITEL VII

»Es klingt, als ob das Haus zusammenfallen würde!« Ich blieb mitten im Zimmer stehen und lauschte.

»Es ist nur Kathi«, sagte Vern lächelnd. »Sie übt wieder.«

Die High School-Wahlen für die Anfeuerungstruppe mit ihrem Anführer, die stets an Schulsportfesten lautstark auftraten, standen bevor, und Kathi wollte unbedingt dabeisein. Deshalb probte sie oben in ihrem Zimmer wie eine Wilde. Und leider lag ihr Zimmer genau über unserem Schlafzimmer.

Vern schien sich nicht darum zu kümmern, aber mich regte ihr fortwährendes Gehüpfe auf, und ich kannte die Unordnung, die dadurch geschaffen wurde. Ich war es leid, ständig die kleinen Papierschnitzel aufzuheben und den Teppichboden nach ihrer »Trainingsstunde« zu saugen.

Jetzt sprang Kathi die Treppe hinab, immer zwei Stufen auf einmal nehmend. Ihre langen, schlanken Beine bewegten sich anmutig unter ihrem rot-weißen Rock.

»Sieh mir zu, Mama! Schau –!« Sie war außer Atem, und ihre dunklen Augen leuchteten vor Aufregung. Dann wirbelte und drehte sie sich in alle Richtungen, und ihre zarte Gestalt war eine einzige Vibration.

»Ist es zu verkrampft? Ist es fließend? Sieht es gut aus? Glaubst du, es ist weich genug?«

Sie sah mich erwartungsvoll an, und ohne auf meine Antwort zu warten, sprang sie schon wieder hoch in die Luft, ihre dunklen Haare flogen in alle Richtungen. Ob ich wollte oder nicht, ich mußte über meine zweite Tochter lachen, die ihre ganze Energie in diese Übungen steckte.

»Ich schaffe es nie!« Sie setzte sich plötzlich entmutigt hin. »Es sind so viele Mädchen, die auch dafür proben.«

»Du wirst es schaffen«, sagte ich, und Vern fügte ermutigend hinzu: »Kathi, du wirst nicht nur in die Anfeuerungstruppe kommen, du wirst sogar der Anführer sein.« Sie lächelte uns unsicher an und übte weiter.

»Sie macht, was ihr am meisten liegt«, sagte ich am späten Abend zu Vern. »Hüpfen, springen, lachen, anfeuern . . . das ist Kathi.«

»Warum kannst du sie dann nicht so nehmen, wie sie ist?« Es war ein unterschwelliger Tadel in seinen Worten, und ich raffte mich schnell auf, um mich zu verteidigen.

»Ich wünschte nur, daß sie mehr wie Cindy wäre«, sagte ich seufzend. »Cindy ist so verläßlich und ordentlich. Wir wissen wenigstens, wo sie die ganze Zeit über steckt. Kathi geht so oft fort, daß man unmöglich wissen kann, wo sie sich gerade aufhält.« – »Sie hat eben zu viel überschüssige Kraft, Liebling.« Vern verstand und bewunderte unsere Tochter, und ich war verärgert, denn ich fühlte, daß er auf ihrer Seite stand.

»Du kannst die beiden nicht vergleichen«, fuhr er fort. »Kathi ist eben Kathi. Und sie wird es nicht nur schaffen, in die Anfeuerungstruppe zu kommen, sie wird sogar Anführer werden. Du wirst sehen.« Vern hatte recht. Kathi wurde natürlich zum Anführer für die Cleveland High School gewählt . . .

Was auch immer notwendig sein mag, um eine solche Begeisterung, einen solchen Ideenreichtum und eine solche Energie an den Tag zu legen – Kathi besaß alles. Sechzehn Jahre alt war sie! Es ging auf siebzehn zu! Ihre Freunde sagten, sie sei »wirklich klasse«, und ich wußte, daß sie bei allen beliebt war.

Ihre Augen, die unter den dichten Wimpern dunkel leuchteten, hatten für Fremde und Freunde stets ein Lächeln bereit.

»Kathi, hast du dein Bett gemacht?« rief ich ihr oft nach, wenn sie die Treppe herab- und zur Tür hinaussauste. Es war zu spät, aber die Antwort wußte ich ohnehin.

»Kathi, warum räumst du dein Zimmer nicht auf?« fragte sogar Cindy, die immer so ausgeglichen war.

Ich bin sicher, wir waren für Kathi alle ein Rätsel. Sie konnte sich nicht vorstellen, warum ihr unordentliches Zimmer uns etwas ausmachen sollte. Es gab so viel Spaß und Aufregendes zu erleben, so viel zu unternehmen, so viele Orte, wo man hingehen konnte ... man durfte keine Zeit verlieren. Aber sie versprach dann meistens, fleißig zu sein und ihr Zimmer aufzuräumen, »sobald ich zurückkomme«.

Ihr guter Wille war allerdings nur kurzlebig. Und dann erst das Telefon! Es war ein hartnäckiges Ding, besonders während der Essenszeit.

»Kathi«, sagte ich schließlich, nachdem ich dreimal beim Essen aufgestanden war, um den Hörer abzunehmen, »würdest du deine Freunde bitten, nicht zwischen siebzehn und achtzehn Uhr anzurufen!«

Sogar Vern, der große Geduld hatte, regte sich gelegentlich auf.

»Kathi, hast du das Auto wieder in der Einfahrt geparkt, genau in der Mitte?«

Aber all unsere Bitten waren umsonst, und es schien Kathi nichts auszumachen, daß wir enttäuscht über sie waren.

Sie konnte nicht verstehen, warum wir alle so »pedantisch« waren. Ich glaube, sie schrieb es unserem Alter zu und ließ die Mahnungen zum einen Ohr herein und zum anderen hinausgehen.

In jenen Jahren häuften sich die Reibereien und Spannungen; und leider muß ich sagen, daß ich selbst meinen Teil dazu beigetragen habe, weil ich es nicht lassen konnte, Kathi und Cindy ständig miteinander zu vergleichen. Cindy – immer ausgewogen, immer diejenige, die sich anpassen konnte – übernahm ohne Fragen ihre Pflichten und erledigte sie auch: sie war der Traum für eine Mutter.

»Ich hab's vergessen, ehrlich, ich hab's einfach vergessen.« Kathis große, dunkle Augen spiegelten völlige Unschuld wider, wenn ich mit ihr schimpfte.

»Ich weiß, ich hätte zu Hause sein sollen, aber ich habe es einfach vergessen.« Wenn ich sie brauchte, war sie gerade zur Tür hinaus. Wenn ich das Telefon benutzen wollte, war sie am oberen Anschluß. Wenn ich einige Hausarbeiten für sie hatte, schlief sie gerade. Wenn ich wollte, daß sie mir etwas besorgte, nahm sie das Auto und kam erst nach Stunden zurück.

Kathi hatte voll Ungeduld ihren sechzehnten Geburtstag erwartet und freute sich nun unbändig, endlich die Führerscheinprüfung machen zu können. Sie hatte sechs Monate lang Fahrunterricht gehabt, und jetzt war sie bereit. Sie bestand die Prüfung mit Leichtigkeit. Wir brachten sie zur Fahrschule, und als wir gingen, hielt sie das kostbare Stück Papier stolz in der Hand.

»Laß es jetzt in deiner Brieftasche«, mahnte ich sie, als wir nach Hause fuhren. Ich wußte genau, wie leichtsinnig sie mit ihren Sachen umging.

»Ich werde schon aufpassen«, versicherte sie mir, aber ich bemerkte, daß ihr Führerschein schon nach kurzer Zeit achtlos auf dem Armaturenbrett des Autos lag. Dort blieb er dann auch vorerst liegen, aber als Kathi einige Tage später mit Sharon und anderen Freundinnen wegfuhr, flog ein kleines Stück Papier zum offenen Fenster hinaus . . . Die Mädchen schrien und kreischten und mußten eine Stunde lang auf Händen und Füßen in einem Kornfeld herumkrabbeln, bis sie den zerknitterten Führerschein wiedergefunden hatten.

Das war allerdings nicht das letzte Mal, daß sie ihn verlor.

»Weißt du eigentlich, wie oft ich für deinen Führerschein schon unterschrieben habe?« schimpfte ich zwei Jahre später, als sie ein Formular zum Unterschreiben nach Hause brachte. »Dies ist das dritte Mal, daß du ihn verloren hast.«

»Ich weiß, Mama«, sagte sie geknickt. »Dieses Mal werde ich ihn in meiner Brieftasche aufbewahren.« Sie tat es; aber bald danach verlor sie die kleine grüne Brieftasche. Sie wurde uns per Post zugesandt, als Kathi sie bereits nicht mehr benötigte.

Kathi hatte einfach keine Zeit, um Ordnung zu halten, denn sie war zu beschäftigt mit Freunden, die ständig nach ihr fragten oder zu ihr kamen. Wenn sie aus dem Haus geeilt war, ging ich oft zu einer kleinen »Inspektion« in ihr Zimmer.

Der Anblick ihrer unordentlich herumliegenden Kleider, Bücher und der Anführerausrüstung machte mich jedesmal wütend. Ich konnte einfach nicht glauben, daß sie trotz wiederholter Ermahnungen und Schelte die Sachen aus Vergeßlichkeit so unordentlich zurücklassen konnte.

Wenn sie zu Hause war, klingelte ständig das Telefon, oft sogar sehr spät am Abend. Manchmal kamen Freunde, wenn sie eigentlich schon im Bett sein sollte. Wie z. B. Jim, Football-Star der Cleveland High School und Kathis Kumpel, der spät in der Nacht kleine Steine an ihr Schlafzimmerfenster warf, um sich bemerkbar zu machen. Als wir sie wegen der mitternächtlichen Unterhaltung am offenen Fenster zur Rede stellten, sagte Kathi: »Aber Mama, es ist Jim, er möchte mit mir reden. Er muß mit jemandem reden.«

Jim war etwas »Besonderes«. Er kam aus einem zerrütteten Zuhause und brauchte ihr ganzes Verständnis und ihre Sympathie.

Wenn das Telefon spät am Abend läutete, fragten wir: »Wer ruft so spät noch an?«

»Es ist Glen. Er hat Sorgen, Mama, und möchte mit jemandem sprechen.« Glen hatte seine Schwester bei einem Verkehrsunfall verloren, und wir konnten ihm seine späten Anrufe nicht verbieten, denn Kathis leise, beruhigende Worte waren wirklich ein Trost für ihn.

Und natürlich rief Felicia ständig an. Mein Groll gegen sie nahm langsam, aber sicher zu, weil sie sich immer gerade dann meldete, wenn ich etwas von Kathi wollte. Ihre Freundschaft aber wurde von Tag zu Tag unzertrennlicher. Ich machte mir zwar Sorgen, doch hoffte ich, daß Kathi ihren Freundeskreis erweitern und Felicia dann irgendwann einmal ausschließen würde.

KAPITEL VIII

Der Herbst 1968 war eine bedeutende Zeit für unsere Familie. Cindy und ihr Verlobter Don wollten im November heiraten, und Kathi wurde dadurch zum ältesten Kind im Haus – dem »Wirbelwind« waren nun fast keine Grenzen mehr zu setzen.

Cindy und ich hatten im Sommer mit der Vorbereitung der Hochzeit begonnen. Jedes Wochenende war ausgefüllt mit der Suche nach dem richtigen Brautkleid für Cindy und einem passenden Brautjungfernkleid für Kathi. Schließlich entschied sich Cindy für ein altmodisches Spitzenkleid mit hohem viktorianischem Kragen und Glockenärmeln, und Kathi fand ein saphirblaues Samtkleid mit weißen Spitzenmanschetten.

Es gab nur einen Einwand gegen Cindys Hochzeitstag, und der kam von Kathi. Die Hochzeit war für denselben Abend geplant, an dem eines der großen Football-Spiele an der Cleveland High School stattfinden sollte.

»Aber Kathi«, wandte ich ein, »dies ist Cindys Hochzeit – es ist ein einmaliger und großer Tag.«

»Vielleicht kann ich gleich nach der Trauung gehen«, dachte sie laut.

»Nein, auf keinen Fall! Cleveland wird einen Abend auch gut ohne dich auskommen können!«

Zwei Wochen vor der Hochzeit hatten wir eine weitere Auseinandersetzung mit Kathi. Sie war als eine der Kandidatinnen für die »Homecoming Queen« ausgewählt worden und bat, ihr Brautjungfernkleid für den Abend der Entscheidungswahl tragen zu dürfen. Cindy und ich widersprachen heftig; wir konnten uns vorstellen, wie Kathi danach aussähe: das Kleid würde bestimmt beschmutzt und zerknittert sein. Sie setzte sich jedoch wie immer durch und trug das hübsche blaue Kleid. »Könnt ihr euch Kathi als Königin vorstellen?« Vern, unsere Jungen und ich saßen auf den nichtüberdachten Zuschauersitzen und betrachteten die lächelnden Kandidatinnen, die in offenen Wagen um das Fußballfeld fuhren. Felicia saß vor uns und hielt ein Plakat mit einer Fotografie von Kathi hoch, auf dem stand: »Stimmt für Kathi Johnson! Kathi, die Königin!«

Das Foto zeigte Kathi, wie sie unter einem Baum stand, das Sonnenlicht fiel auf ihr leuchtendes Haar, und ihr Gesicht war lächelnd zur Seite geneigt.

»Hätte Kathi doch nur ein weißes Kleid angezogen wie die anderen Mädchen«, ärgerte ich mich. »Sie sieht doch auch so sehr hübsch aus«, sagte Vern stolz und voller Überzeugung.

Kathi wurde zur Prinzessin erkoren, etwas ganz Neues für unseren Wildfang. Ich fühlte einen Klumpen in der Kehle, als ich sah, wie sie die Stufen zur Rednerbühne anmutig hinaufstieg. Ihre Freundin Sharon stand neben ihr – seit sie in die High School eintraten, waren sie immer zusammen gewesen und enge Freunde geworden.

Nach der Veranstaltung ging Kathi mit ihren Freunden zu einer Party. Als sich die Menge langsam auflöste, hörte ich, wie sich eine Gruppe aufgeregter Mädchen unterhielt. Ein Mädchen sagte: »War Kathi Johnson nicht wundervoll?« Ich wußte, daß sie beliebt war, aber in welchem Maße, das begriff ich jetzt erst allmählich.

Cindys Hochzeitstag kam heran – ein kühler Novembertag –, und das ganze Haus war in Aufregung. Cindy und Kathi eilten frühmorgens zum Friseur, kehrten allerdings bald unter Tränen zurück und schimpften darüber, was die Fachleute mit ihren Haaren gemacht hatten. Sie bürsteten und kämmten sich so lange, bis jede Strähne und jede Locke an ihrem Platz lag.

Cindy war strahlend schön, als sie in der Kirche mit ihrem Vater den Chorgang hinunterging. Als ich dann noch sah, wie liebevoll Don seine Braut anblickte, konnte ich die Tränen nicht mehr zurückhalten.

Kathi stand aufrecht und damenhaft neben Cindy, überwältigend elegant in ihrem blauen Samtkleid. In diesem Augenblick konnte ich mir nur schwerlich vorstellen, wie sie bei einem Football-Spiel voller Begeisterung ihre Mannschaft anfeuerte.

Meine Mädchen waren schön, strahlend und glücklich. Cindy sagte mir später, daß während der Trauungszeremonie Tränen an Kathis Wangen hinabgelaufen seien. Die Liebe zu ihrer einzigen Schwester wurde sichtbar, als sie so neben ihr stand und begriff, daß es nie mehr so sein würde wie früher. Nach der Feier in der Kirche hatten wir zu Hause einen kleinen Empfang für unsere engsten Freunde und Verwandten vorbereitet. Mitten in den Festlichkeiten wirbelte Kathi in ihrer Anführertracht die Treppe herunter. Es war der Abend des großen Spiels, und sie hatte noch Zeit, um an der zweiten Hälfte teilzunehmen. Während die Gäste erstaunt und belustigt aufsahen, sagte sie Cindy mit einem Kuß Lebewohl und stürmte zur Tür hinaus.

»Typisch«, seufzte ich in mich hinein.

Mit gemischten Gefühlen dachte ich an diesem Abend

daran, daß ich meine älteste Tochter nun hergab, hoffte aber gleichzeitig, daß Kathi jetzt näher zu mir finden würde. Ich nahm mir vor, mich mit Kathi wieder auszusöhnen, meine ganze Ungeduld, meine ganze Unduldsamkeit gutzumachen. Irgendwie wußte ich, daß wir lernen würden, einander zu verstehen und zu schätzen.

KAPITEL IX

Es war nur wenige Tage nach der Hochzeit. Unsere Familie: Cindy und Don und Verns Eltern, die aus Michigan gekommen waren, saß vereint am Mittagstisch. Wir feierten das Erntedankfest, und es war schön, an einem solchen Tag die ganze Familie um sich zu haben.

Wir wurden still, und Vern begann zu beten: »Vater im Himmel, wir sagen dir Dank an diesem besonderen Tag, der für uns als Gläubige so viel Bedeutung hat. Wir danken dir für Jesus Christus und für seinen Opfergang. Danke für unsere Familien und dafür, daß wir alle wohlauf und gesund heute zusammen sein dürfen. Danke für die reichliche Speise, die du uns gegeben hast. Danke, Herr, für deine unermeßliche Liebe und Gnade, die du uns, deinen Kindern, zuteil werden läßt.«

»Wie ist es, verheiratet zu sein?« fragte Kathi wenig später ihre Schwester mit vollem Mund. »Wird es nicht irgendwie langweilig?« Cindy und Don sahen einander an, lachten und versicherten ihr, daß dies nicht der Fall sei.

Kathi konnte immer noch nicht glauben, daß Cindy jetzt verheiratet war. Sie war sich sicher, daß ihr das so schnell nicht passieren würde: sie hatte zu viele andere Dinge im Kopf.

Wir verbrachten das Erntedankfest so, wie viele Familien diesen Tag verbringen: Wir aßen, fotografierten, schauten uns Football-Spiele im Fernsehen an, die in weit entfernten, winterlich-verschneiten Ländern stattfanden, und waren dankbar für die Wärme und den Sonnenschein in unserem »Goldenen Staat«. Später betrachteten wir dann

Cindys Hochzeitsbilder und konnten kaum glauben, daß dieser schöne Abend vorüber war.

Schon bald nach dem Erntedankfest fingen wir mit der Vorbereitung für die aufregendste Jahreszeit an – Weihnachten. Verns Eltern verbrachten die Ferien bei uns, und die Kinder waren begeistert – insbesondere Kathi, die ihre Großeltern sehr gern hatte.

Je näher es auf Weihnachten zuging, desto festlicher wurde die Stimmung im Haus. Überall wurden Geschenke versteckt, und es lag etwas Geheimnisvolles in der Luft.

Kathi ging mit ihren Großeltern zum Weihnachtseinkauf und begleitete sie in alle Geschäfte, die sie sehen wollten. Großmutter erzählte, daß Kathi langsam mit ihr durch die Läden gebummelt sei und, da sie das Auto dabei hatten, ihr geduldig beim Ein- und Aussteigen geholfen hätte – eine wirkliche Leistung für die quirlige Kathi.

Am Heiligen Abend machten wir Feuer im offenen Kamin und waren voller Erwartung und Spannung.

Dann packten wir unsere Geschenke aus. Freudenschreie waren zu hören und sehr oft der Ausruf: »Genau das habe ich mir gewünscht!« Kathi und Cindy kicherten über ihr alljährliches Hausschuhgeschenk, das jetzt schon zur Tradition geworden war.

Wir unterhielten uns, und Erinnerungen an Großvater Joe wurden wach, der sein erstes Weihnachtsfest im Himmel verbrachte.

»Ich möchte gern wissen, wie das ist«, sagte Kathi sinnend, »wenn man Jesus und all den Leuten aus der Bibel tatsächlich begegnet.« Sie dachte kurz nach. »Ich hoffe, es wird nicht langweilig. Ich würde gern wissen, was man dort die ganze Zeit macht.« Aber alle Traurigkeit war wie weggeblasen, als sich die geöffneten Pakete häuften und das lustig-bunte Geschenkpapier zu einem solchen Berg heranwuchs, daß unser Wohnzimmer von Minute zu Minute kleiner zu werden schien.

Im Hintergrund spielte die Stereo-Anlage leise Weihnachtslieder. Ein kaltes Buffet war auf dem Tisch hergerichtet worden, und Vern und ich sahen uns mit stiller Zufriedenheit an. Dies war unser einundzwanzigster Weihnachtsabend, den wir als Ehepaar erleben durften. Es waren allesamt bedeutsame und glückliche Weihnachten gewesen. Der Segen, den wir empfangen hatten, war unermeßlich groß.

Ehe wir uns versahen, war plötzlich der Frühling da und mit ihm der Ostersonntag. An diesem Morgen war ich vorn in der Kirche am Klavier und suchte die Musikstücke aus, die ich während des Gottesdienstes spielen wollte. Als ich aufschaute, sah ich Kathi und ihre Freundin Hope, die neun große, kernige Burschen den Chorgang hinunterführten. Kathi war an diesem Morgen schon früh von zu Hause weggegangen, weil sie jemanden zur Kirche abholen wollte.

Aber – neun Jungen?

Beim Mittagessen erfuhren wir, daß diese neun die besten Football-Spieler der Cleveland High School waren.

»Wie hast du es fertiggebracht, sie alle in die Kirche zu bekommen?« fragte Vern.

»Ich sagte ihnen nur, sie sollten sich bereithalten und ich würde sie abholen«, erklärte sie. »Ich machte ihnen klar, daß es Ostersonntag sei und daß sie in der Kirche sein sollten.«

Vern und ich sahen uns in stiller Verwunderung an. Das war Kathi! Wenn sie fühlte, daß irgend etwas zu tun war, dann tat sie es.

»Und was dachten sie über die Predigt?« fragte Vern.

»Ich weiß nicht, was sie dachten«, sagte sie, »aber sie hörten das Evangelium – und mehr wollte ich gar nicht erreichen. Sie sollten von Jesus hören, wie er sich ans Kreuz schlagen ließ, und vor allem von seiner Auferstehung!«

Wenige Wochen später hörte ich zum erstenmal von Kathis Plan, von zu Hause wegzugehen und eine Wohnung mit Felicia zu mieten.

Kathi hatte schon in ihrer Kindheit öfter den Wunsch geäußert, Missionarin zu werden, »ein wirklich rauhes Leben im Dschungel zu führen und allen Menschen von Jesus zu erzählen«. Nun würde bestimmt nichts daraus werden – dachte ich. Wegen Felicia würde alles anders werden. Ich hatte Angst, wenn ich daran dachte, was meiner Tochter alles geschehen konnte, wenn sie so jung von zu Hause fortging.

»Du bist im Begriff, einen großen Fehler zu machen. Laß dich nicht von den falschen Leuten beeinflussen! Wie stellst du dir das vor, zwei Mädchen, die fort von zu Hause ganz allein in einer Wohnung leben!« sagte ich verbittert.

»Aber Mama! Felicias Eltern ziehen nach dem Schulabschluß nach Texas, und sie möchte nicht mitgehen«, erklärte Kathi.

»Es kommt nicht in Frage! Außerdem, wie kannst du es

dir denn leisten? Es ist dir wohl nicht klar, wieviel Geld du dafür brauchst!«

»Wir haben eine Stelle in Norms Café gefunden. Wir schaffen es, Mama, gib uns doch eine Chance!« bettelte Kathi.

»Es ist nicht Gottes Wille, daß du dein Heim verläßt«, sagte ich energisch.

»Aber wenn es doch Gottes Wille ist?« fragte Kathi unter Tränen.

Ich konnte darauf keine Antwort geben. Ich war innerlich getroffen und verletzt. »Es ist nur dein Stolz«, flüsterte etwas in mir. »Was werden deine Freunde sagen? Und was ist mit deiner Vorstellung von einem vollkommenen Familienleben?«

Wie stark Kathis Wille war, die Auszugspläne in die Tat umzusetzen, wurde mir genau einen Monat vor ihrem Schulabschluß klar. Ich mußte wegen einer kleinen Operation ins Krankenhaus, und als ich nach Hause kam, war ich noch ziemlich geschwächt. Aber Kathi brachte ihre Belange forsch und ohne Rücksicht vor. Sie war entschlossen, zu gehen.

»Dann geh!« Tränen des Ärgers und des verletzten Stolzes rannen mein Gesicht hinunter. »Nimm deine Kleider und geh!«

Ich warf mich aufs Bett und schluchzte. Am selben Abend wurde ich wegen großer Schmerzen ins Krankenhaus zurückgebracht.

Ich lag im Krankenhausbett, rief nach Kathi und kämpfte gegen meine Gefühle und meinen Stolz an. Ich wußte, daß ich sie gehen lassen mußte und daß ich, wenn ich sie frei ließe, mit meiner zweiten Tochter wieder versöhnt wäre. Ich betete und kämpfte, als ich so dalag und an mein »kleines Mädchen« dachte.

Aber endlich faßte ich einen Entschluß. Als ich vom Krankenhaus nach Hause kam, spielte Kathi gerade Klavier. Sie drehte sich auf dem Klavierstuhl um und sah mich an. Ich ging zu ihr hin, umarmte sie und zog sie an mich. Dann mußte ich weinen, zuerst nur ein wenig.

»Kathi, es tut mir leid.« Ich hielt ihr Gesicht in den Händen und sah in ihre glänzenden Augen, in denen sich auch allmählich Tränen sammelten.

»Laß uns versuchen, einander zu verstehen. Sobald du die Schule hinter dir hast, werde ich dir helfen, eine Wohnung zu finden – wenn eine eigene Wohnung wirklich dein großer Traum ist.«

Dann brachen wir beide in Tränen aus.

Es waren nur noch wenige Tage bis zum Schulabschluß, und Kathi eilte schneller als je zuvor umher, die Treppe hinauf und herunter, zur Tür herein und hinaus; sie war furchtbar aufgeregt und sehr glücklich. Tatsächlich aber galt ihr Hauptinteresse nicht dem Schulabschluß, sondern der sich anschließenden, die ganze Nacht dauernden Party in Disneyland, dem jährlichen Fest, das für die High School-Absolventen aus Los Angeles und Umgebung veranstaltet wurde. Jedes Mädchen trug zu diesem Anlaß ein schönes, neues Kleid, und die Verabredungen mit den Jungen wurden weit im voraus getroffen.

»Was trägst du für die Disneyland-Party?« fragte ich Kathi ungefähr eine Woche vor dem großen Ereignis. Ihre Antwort war unverbindlich. Warum sollte man sich über etwas sorgen, das noch eine Woche Zeit hatte? Es gab im Moment so viel anderes zu tun.

Am Tag des Schulabschlusses läutete in Verns Büro das Telefon.

»Haben Sie eine Tochter namens Kathi?« fragte eine Stimme. Es war das May Company-Versandhaus, das anfragte, ob es unser Konto für den Kauf eines Kleides belasten könne. Vern gab seine Einwilligung.

Um 18.30 Uhr an diesem Abend, eine halbe Stunde, bevor Kathi zur Abschlußfeier und dann nach Disneyland aufbrechen sollte, nähte ich noch zornerfüllt am Saum eines Kleides, das kürzer werden sollte. Meine Finger zitterten, und meine Wut vergiftete die Stimmung.

»Warum konntest du das nicht früher besorgen?« schimpfte ich.

Keine Antwort.

»Du wirst zu spät kommen, Kathi, du treibst mich zum Wahnsinn!«

Aber als Kathi dann das Kleid anhatte, verschwand mein Ärger. Sie sah in dem schwarz-weiß getupften, mit riesigen Ärmeln versehenen Kleid wie ein Engel aus. Seit diesem Tag haben wir es das »Engelskleid« genannt. Als sie sich auf den Weg machte, sagte sie: »Felicia und ich haben Verabredungen mit Brad und Jon – sie mit Brad und ich mit Jon. Aber wir werden tauschen.«

»Ihr tauscht?« erwiderte ich verwirrt.

»Ja, wir kamen zu dem Schluß, daß Brad mich mehr mag und Jon Felicia mehr mag, deshalb wechseln wir die Partner. Logisch.«

»Oh«, war alles, was ich noch sagen konnte, denn schon war sie aus dem Haus hinausgeflogen. »Viel Spaß!« Sie hatte wirklich viel Spaß. Sie schlief den ganzen nächsten Tag, aber als sie aufwachte, erzählte sie uns, was sie alles erlebt hatte, und die Aufregung stand noch in ihren Augen. Die Party war für Kathi ein großer Erfolg gewesen.

Kapitel X

»Wann gehen Felicias Eltern fort?« fragte ich Kathi kurz nach ihrem Schulabschluß.

»Im Juli«, antwortete sie ruhig. »Aber sie kommt zurück, Mama, und dann werden wir uns eine Wohnung suchen.« Ich antwortete ihr nicht, aber ich betete still um die Weisheit, sie zu verstehen und sie gehenzulassen.

»Laß sie in Liebe gehen«, wurde mir geraten, »dann wird sie in Liebe zurückkehren.«

Eines Abends im frühen Sommer nahm ich Kathi mit auf Wohnungssuche. Wir fuhren im ganzen Tal umher, sprachen mit Wohnungsvermittlern und hatten viel Spaß dabei. Das Verbindungstor zwischen uns öffnete sich langsam, und ich fühlte einen inneren Frieden, den ich lange Zeit nicht mehr gekannt hatte.

Vielleicht findet sie keine Wohnung, und vielleicht muß Felicia auch in Texas bei ihren Eltern bleiben, dachte ich insgeheim und hoffte auf irgend etwas, das Kathi daran hindern sollte, von zu Hause fortzugehen.

»Wie ist es mit dem College?« fragte ich sie.

»Ich gehe aufs College; ich habe mich schon in Pierce eingeschrieben. Den Sommer über arbeite ich in Norms Café. Die Mädchen dort verdienen viel Geld. Hope und ich werden dazu nach Los Angeles ziehen, dann haben wir es zur Arbeit nicht so weit.«

»Was ist mit Felicia?« wagte ich zu fragen.

Sie war eine Minute ruhig; dann sagte sie traurig: »Sie muß bei ihren Eltern in Texas bleiben.«

»Gut«, sagte ich etwas zu schnell, und Kathi fuhr auf. »Du verstehst das nicht! Felicia ist meine beste Freundin. Ich liebe sie.«

Wir standen kurz vor einer neuen Explosion, und ich ging schnell weg, damit sich die Spannung legen konnte.

Nachdem Felicia fort war, arbeitete Kathi abends fleißig im Café und tagsüber fuhr sie an den Strand. Vollbeladen mit kichernden Mädchen und Jungen bahnte sich ihr kleiner, schwarzer Volkswagen seinen Weg den Topanga Canyon hinunter zum Strand.

Sie hatte ihn sich an ihrem 18. Geburtstag gekauft – mit Verns Zuschuß, den sie sich durch Mithilfe im Büro verdient hatte.

Kathi liebte den Strand. Sie quietschte immer vor Vergnügen, wenn sie ins Meer hineinlief und die Wellen sich über ihr brachen.

Während einige ihrer gesetzteren Freundinnen sich am Strand in der Sonne bräunten, ließ sie sich auf den Wellen treiben oder rannte im Sand auf und ab – ihr langes, schwarzes Haar triefte stets von Meerwasser.

An einem heißen Julitag weigerte sich Kathis kleiner, schwarzer »Käfer« bei der Heimfahrt plötzlich, den Berg hinaufzufahren. Sie rief eine Freundin an, die die ganze Mannschaft abholte, und ließ das Auto dann bei einer Reparaturwerkstatt in Malibu stehen.

»Ich weiß nicht, was bei ihm nicht in Ordnung ist«, sagte sie abends zu Vern. »Er läuft einfach nicht.« Vern fuhr zum Strand und schleppte den Wagen nach Hause. Der

Mechaniker von der Volkswagen-Werkstatt erklärte uns, daß der Motor nicht mehr funktionieren könne, da er völlig kaputt sei.

Kathi mußte sich nun überlegen, wie sie ohne Auto zu ihrem Arbeitsplatz kommen sollte.

»Was, um alles in der Welt, wirst du tun?« fragte ich sie.

»Da mache ich mir keine großen Sorgen«, antwortete sie lächelnd.

»Aber du hast doch den VW noch gar nicht ganz bezahlt. Du kannst dir doch keinen neuen kaufen!«

»Mal seh'n . . ., abwarten . . .« Mit ihrer gewohnten Entschlossenheit versuchte Kathi wie immer Herr über das Problem zu werden.

Seit dem Tag fragte sie allerdings jeden Morgen zur gleichen Zeit verzweifelt: »Mama, was soll ich tun? Weißt du vielleicht, wie ich zur Arbeit kommen soll?«

Damals begann Kathi zu erkennen, was es bedeutete, eine Familie zu haben. Obwohl es für uns oft mit großen Unannehmlichkeiten verbunden war, überließen Vern und ich ihr das Auto, damit sie zur Arbeit fahren konnte. Sie fing an, unsere Liebe und Sorge für sie zu begreifen – und sie reagierte darauf. Am Ende der zweiten Juliwoche bemerkten wir, daß sich bei Kathi etwas änderte. Ihr Verhalten wurde anders. Sie begann, sich mehr um ihre Familie zu kümmern, und der rebellische, unbändige Geist schien nun mehr unter die Führung Gottes zu kommen.

Aber das alte Problem – Felicia – bestand noch immer. Anfang Juli hatten wir mit den Jungen einen kurzen Urlaub gemacht, hatten Cindy und Don in Garden Grove besucht und uns Disneyland und den Zoo von San Diego angeschaut. Als wir wieder nach Hause kamen, lag ein Brief von Felicias Schwester auf Kathis Tisch. Mein Herz blieb fast stehen. Sicherlich war Felicia von daheim weggelaufen und war wieder in Kalifornien. Ich rief ihre Mutter an und wir unterhielten uns beide unter Tränen. Ich versprach, nach Felicia zu schauen, so gut es mir möglich sein würde.

Als Kathi an diesem Abend nach Hause kam, trat ich ihr mit den Worten entgegen: »Hast du etwas von Felicia gehört?«

Sie wich meinem Blick aus.

»Ich weiß, daß sie wieder in Kalifornien ist. Ich habe heute mit ihrer Mutter gesprochen. Sie ist krank vor Sorge. Wie konnte Felicia einfach so weglaufen?«

Kathi war betroffen und irritiert. Als Vern nach Hause kam, versuchten wir beide, mit ihr zu sprechen. »Kathi«, sagte Vern, »du willst doch nicht von zu Hause fort, oder doch?« Ohne aufzusehen schüttelte sie den Kopf.

»Aber trotzdem hast du es Felicia versprochen, nicht wahr?«

Ich schluckte schwer. »Wie wäre es, wenn Felicia herkäme und bei uns wohnen würde?«

Kathi blickte fragend auf. Sie traute ihren Ohren nicht.

»Wir werden dein Zimmer für euch beide herrichten«, versprachen wir ihr.

Ich war sicher, daß dies die beste Lösung war. Als Vern und ich am Abend in Norms Café zum Essen gingen, stürzte Kathi freudestrahlend auf uns zu. »Wißt ihr schon das neueste?«

Sie war völlig außer sich. »Ich gehe nicht von zu Hause

fort. Felicia hat zugesagt – sie kommt und bleibt bei uns.«
Jetzt bekam ich es doch etwas mit der Angst zu tun, aber
ich sagte mir, daß ich fair sein und ihr eine Chance geben
mußte.

Ich verbrachte den nächsten Tag damit, Kathis Zimmer für
die beiden herzurichten, und stellte eine zusätzliche
Kommode hinein. Als sie nach Hause kamen, hieß ich Felicia,
so gut es ging, in unserer Familie willkommen. Felicia
jedoch war niedergeschlagen; es war nicht das, was sie
sich vorgestellt hatte.

Noch in derselben Nacht wurden sich die Mädchen daher
einig, daß sie sich doch eine Wohnung suchen müßten.

Ende Juli hatte Vern Geburtstag, und wir wollten das
Festessen mit der Familie im Haus meiner Mutter einnehmen.
Als wir ankamen, fanden wir ein schönes Paket mit
einer Karte: »Für Vati« vor. Kathi hatte ein sehr teures
Hemd gekauft und einen großen Umweg gemacht, um das
Geschenk noch vor der Arbeit für die Geburtstagsfeier abzugeben.

Nach dem Essen gingen wir, alle zwölf, in Norms Café
zum Nachtisch. Kathi war begeistert, als wir hereinkamen,
und bediente uns ganz besonders aufmerksam. Wir
waren stolz auf die kleine, lächelnde Kellnerin mit dem
schwarzen, hochgesteckten Haar, die im Cafe herumschwebte,
als ob sie Flügel hätte.

»Dieses Lächeln ist typisch für sie«, flüsterte meine
Schwägerin und stieß mich dabei in die Seite.

»Schau sie nur an!«

Es stimmte. Sie lächelte jeden an und hatte Geduld mit den
Leuten. Kein Wunder, daß ihr Trinkgeld so hoch war. Ich

erinnerte mich an eine Nacht, in der sie stolz nach Hause kam und erzählte, daß ein Kunde ihr zwei Dollar Trinkgeld gegeben hätte – »dabei hab' ich ihn nur normal freundlich bedient«.

Jetzt verstand ich, warum. Durch ihre offene und ehrliche Zuneigung strahlte Kathi eine Kraft aus, durch die die Menschen zu ihr hingezogen wurden. Eines Abends, als ich zufällig am Café vorbeieilte, ärgerte ich mich allerdings fast über ihre Freundlichkeit zu drei Hippies, die sich mit Kathi unterhielten, als sie das Restaurant verließen. Kathi lächelte, klopfte ihnen auf die Schulter und sagte ihnen, sie sollten doch wiederkommen. Sie kannte sie anscheinend, und ich war besorgt. Mich schauderte beim Anblick ihrer langen, unordentlichen Haare und ihrer verschmutzten Kleidung. Aber Kathi störte das alles nicht.

»Wer waren sie?« fragte ich sie später. »Ich hoffe, du warst nicht zu freundlich zu ihnen.«

»Mama«, tadelte mich Kathi, »wie kann ich den Leuten denn näherkommen, wenn ich nicht freundlich bin? Wir sollen doch einander lieben.«

Selbstverständlich hat sie recht, sagte mir mein Herz. Kathi hatte gelernt, die Menschen zu lieben und zu akzeptieren, wie sie sind.

Ich sollte später noch erfahren, daß nicht nur die Kunden, sondern auch ihr Chef und die Mitarbeiter die Liebe Jesu sahen, die durch Kathis Leben strahlte. Wenn jemand niedergeschlagen und betrübt war, so hatte Kathi immer tröstende Worte bereit. Wenn ein Mädchen im Geschäft freihaben wollte, so meldete sich Kathi, um für sie zu arbeiten.

»Kathi, das ist dein freier Tag«, mahnte ich stirnrunzelnd. »Du läßt dich von den Leuten ausnutzen.«

»Ist schon gut, Mama«, lachte sie und ging in Norms Café, um ihre Arbeit anzutreten. Und wieder hatte sie die Zuneigung eines dankbaren Mädchens gewonnen.

Jetzt servierte uns Kathi den Geburtstagsnachtisch: Eisbecher, mit Erdbeeren garniert. Mein Bruder neckte sie mit dem Trinkgeld, das er ihr geben würde, und sie eilte noch schneller mit der Kaffeekanne hin und her. Einmal fing ich ihren Blick auf, und wir lächelten beide.

Jener Abend bedeutete eine Wende in unseren Beziehungen. Wenn wir uns danach manchmal abends vor der Cafétür trafen – oft war es schon kurz vor Mitternacht – so lachten und plauderten wir bei einer Tasse Kaffee über die Ereignisse des Tages. In diesen Momenten waren wir uns sehr nahe. Kathi schichtete jedesmal ihr Trinkgeld in kleinen Stapeln auf, und wir zählten es dann gemeinsam.

»Bald kann ich mir ein Auto kaufen«, sagte sie. Eines Abends nahm ich ihre Hand und sagte: »Kathi, es tut mir leid, daß ich dich nie richtig verstanden habe.«

»Ist schon gut, Mama, keiner versteht mich. Aber die Hauptsache ist, daß ich mich selbst verstehe.«

Während ihrer Freizeit setzte sie mit Felicia die Suche nach einer Wohnung fort. Schließlich fanden sie ein Appartement in der Nähe unseres Hauses. Sie zogen Mitte August ein, einen Tag vor meinem Geburtstag.

Als Kathi dann am Samstagabend das Haus verließ, rief sie laut: »Holt mich auch bestimmt morgen zum Gottesdienst ab. Später komme ich dann mit euch zum Geburtstagsessen bei Großmutter.«

Am nächsten Tag schleppte sie aufgeregt ein großes Paket herbei. Nach dem Dessert legte sie es vor mich auf den Tisch.

Auf der Karte stand nur: »In Liebe, Kathi.« Und im Paket war ein wunderhübscher dreiteiliger Hosenanzug, der wie angegossen paßte.

»Er ist herrlich, Liebling!«

»Und mir paßt er auch«, lachte sie.

»Aber versprich mir, daß du ihn nicht umtauschst! Ich möchte, daß du ihn in deinem Urlaub trägst.«

Unser Sohn David, der mit ihr einkaufen gegangen war, erzählte später, daß sie extra mein Bekleidungshaus und meine Lieblingsverkäuferin aufgesucht und den Hosenanzug in vier Raten – von ihrem Taschengeld – bezahlt hatte.

Obgleich Kathi nun nicht mehr zu Hause wohnte, war sie jetzt doch mehr bei uns als in den Jahren zuvor. Jeden Abend rief sie entweder an oder kam zu uns, um mit mir ihre Pläne zu besprechen. Wir versuchten ihr zu helfen, indem wir ihr das Auto überließen, wann immer sie es brauchte. Sie war sichtbar bewegt über unsere Sorge um sie.

Eines Abends, als wir im Wohnzimmer saßen und uns unterhielten, erwähnte ich einen Traum, den ich kürzlich gehabt hatte, in dem sie vorgekommen war. Kathi fuhr erschrocken in ihrem Stuhl auf und sah mich eindringlich an.

»Kam ich dabei durch die Tür?« fragte sie.

Ich war überrascht: »Warum? Nein.« Ihre Frage verwirrte mich. Doch dann wurde mir klar, daß sie sich auf einige »seltsame« Träume bezog, die ich vor langer Zeit gehabt hatte – Träume, in denen mein Vater und meine Tante durch eine Tür gingen. Kurz darauf hatten wir die Nachricht von ihrem Heimgang erhalten.

In der Woche nach meinem Geburtstag wollten Kathi und ich uns nach dem Essen treffen und Kleider für unseren Urlaub einkaufen. Als sie am Donnerstag ins Büro hereinplatzte, sah sie reizend aus in ihrem weißen Kleid, dem langen, schwarzen Haar, das sie mit einem Band zurückgebunden hatte. Ich lächelte, als ich sah, wie sehr sie sich bemühte, mir zu gefallen. Sie wußte, daß es mich früher geärgert hatte, wenn sie barfuß und mit wehendem Haar ins Büro gestürmt war.

»Ich lasse meine Stirnfransen wachsen. Siehst du?« sagte sie, denn auch darum hatte ich sie vor einiger Zeit gebeten. Bald ging sie im Büro umher und begrüßte die Leute mit »Hallo, ich bin Kathi!«

Im Restaurant durfte ich essen, was ich wollte; Kathi bezahlte alles. Wir unterhielten uns fröhlich und zwanglos, aber plötzlich sagte Kathi zaghaft: »Weißt du, Mama, manchmal fragen mich die Leute im Restaurant, warum ich immer so froh sei. Ich habe ihnen gesagt, daß ich Christus im Herzen habe, und daß das der Grund sei.« Sie holte tief Luft.

»Jetzt weiß ich auch, was ich mit meinem Leben anfangen werde«, fuhr sie fort. »Ich möchte Missionarin werden.«

»Das ist wunderbar, Liebling.« Ich streichelte ihre Hand.

Als wir einkauften, fühlte ich eine Verbundenheit mit Kathi, wie ich sie noch nie gefühlt hatte. Anstatt der ständigen Streiterei über die richtige Kleidung waren wir uns jetzt bei allem, was sie kaufte, einig.

»Welche Bluse gefällt dir am besten? Die marineblaue oder die grüne?«

»Mir gefällt die grüne, Liebling«, sagte ich nach kurzem Zögern. Und sie kaufte auch wirklich die grüne Bluse.

Als wir zum Auto zurückgingen, gab ich ihr die Schlüssel. »Fahr vorsichtig«, mahnte ich wie immer, wenn sie sich ans Steuer setzte.

»Danke, Mama.« Kathi sagte diese beiden Worte so ernst und voller Bedeutung, wie ich es nie zuvor von ihr gehört hatte, und sie hallten noch lange in meinen Ohren nach.

KAPITEL XI

»Kathi«, ich rief sie in ihrer Wohnung an, »wir sind zu einem Abschiedsessen für den Pastor und die Familie Wallis eingeladen, und sie möchten gern, daß du auch kommst. Es soll am Freitagabend stattfinden. Du weißt doch, die Familie Wallis geht am Samstag aufs Missionsfeld nach Brasilien.«

»Ich kann nicht, Mama. Ich muß arbeiten.« Kathi war tief enttäuscht.

Ich war auch enttäuscht, denn ich hätte es gerne gesehen, wenn Kathi die beiden ältesten Söhne der Familie Wallis – Dave und John – kennengelernt hätte. Ich war mir sicher, daß sie ihr gefallen würden. Kathi hatte John gesehen, als sie bei den Mannschaftskämpfen zwischen der Canoga Park High School und der Cleveland High School ihre Mannschaft anfeuerte. Außerdem war sie ihm einmal in der Kirche begegnet.

Ich hatte sie sogar einen Tag nach dem Gottesdienst geneckt: »Weißt du, wer wirklich gut zu dir passen würde? John Wallis!«

Überraschenderweise beantwortete sie diese Behauptung mit einem Lächeln; gewöhnlich war mein Geschmack nicht der ihre.

Jim und Ann Wallis waren Missionare unserer Gemeinde in Sao Paulo, und wir fühlten uns zudem mit ihnen freundschaftlich verbunden. Nun wollten sie zum drittenmal nach Brasilien aufbrechen, und ihre drei ältesten Kinder mußten in den Staaten zurückbleiben.

Die fast einundzwanzigjährige Ethel stand kurz vor ihrem letzten College-Examen. Dave, neunzehn Jahre alt, hatte auf dem Pierce College angefangen, und der siebzehnjährige John hatte gerade als Primus und bester Sportler die Canoga Park High School abgeschlossen. John, groß und stattlich, war dynamisch in seiner Liebe zu Christus, und wie Kathi stand er felsenfest in seinem Glauben.

Ich hoffte, daß die beiden sich irgendwann einmal treffen mußten – aber wann?

Die Abschiedsparty wurde zu einem Erlebnis der Freundschaft untereinander; die köstlichen Speisen schmeckten allen, und niemand langweilte sich. Die Teenager turnten im Swimming-Pool umher, spielten Volleyball und waren begeistert. Ich jedoch war nachdenklich und wünschte, Kathi wäre dabei.

Obgleich es ein wundervoller Abend war, waren wir traurig, daß unser geliebter junger Pastor die Gemeinde verließ, um in den Osten der Vereinigten Staaten zu gehen. Und die Familie Wallis, die uns so nahestand, würde am nächsten Tag mit dem Schiff nach Sao Paulo fahren. Ich dachte an Jim Wallis, der seine Freunde am vorhergehenden Samstag mit gebrochener Stimme gebeten hatte, während seiner Abwesenheit nach seinen lieben Kindern zu sehen.

Wie schwer muß es ihnen gefallen sein, einem Teil ihrer Familie Lebewohl zu sagen.

»Ich wünschte, du könntest Kathi mitnehmen«, sagte ich zu Jim. »Sie wäre bestimmt eine gute kleine Missionarin.«

Als wir uns verabschiedeten, umarmte ich Ann Wallis, und sie sagte: »Wir sehen uns dann in vier Jahren wieder.«

Am nächsten Tag versammelten wir uns alle im Hafen von San Pedro, um den Abreisenden alles Gute zu wünschen. Die lange Fahrt nach Brasilien sollte über 30 Tage dauern.

Ann küßte ihre Kinder, wandte sich dann um, um ihren großgewachsenen John zu drücken, und brach plötzlich in Tränen aus. John klopfte ihr sanft auf die Schulter.

»Weine nicht, Mama. Ich werde Geld sparen und bin zum Weihnachtsfest bei euch!«

Jim und Ann gingen mit ihren jüngeren Söhnen Bobby und Jim junior den Anlegesteg hinauf und winkten tapfer – sie lächelten sogar ein wenig.

Unter den zurückbleibenden Freunden waren an diesem Tag auch Joe und Veda Quatro mit ihren fünf Kindern. Die Quatro-Jungen Steve, Jim und Mike waren dicke Freunde von Dave und John. Mike, gerade erst siebzehn Jahre alt, wollte gern Missionsarzt werden. Er war stark im Glauben und ein echter Zeuge Christi an der Chatsworth High School. Sein ruhiges, ausgeglichenes Wesen und sein ausgeprägter Sinn für Humor waren eine Freude. Er war aktiv an unserer Gemeindearbeit beteiligt und traf sich regelmäßig mit John, Dave und Pastor Smith vor jedem Sonntagmorgen-Gottesdienst zum Gebet.

Wenn ich zur Chorprobe eilte, sah ich oft, wie die drei Jungen mit der Bibel in der Hand das Amtszimmer von Pastor Smith betraten. Es war ein ungewöhnlicher Anblick; aber Dave, John und Mike waren auch ungewöhnliche Jungen.

Gleich nach ihrer Ankunft in Brasilien erhielt die Familie Wallis von Dave folgenden Brief:

»Lieber Vater, liebe Mutter, liebe Brüder!

Dieser Brief sollte etwa zur gleichen Zeit in Brasilien eintreffen wie ihr. Hier ist der Herr wunderbar am Wirken. Ethel hielt neulich eine Jungscharstunde, und ich dachte, Jesus würde jede Minute erscheinen. Sie sprach über »Nehmen und Geben«. (Ich gab am nächsten Tag auch einiges.) In der Schule sprach ich mit einem Mädchen, und sie fragte mich, warum ich Missionar werden wolle. Ein Junge erinnerte mich, daß ich früher schon einmal mit ihm über Gott gesprochen hätte. Es stimmte, und er sagte, es hätte ihn damals so sehr beeindruckt, daß er Christus angenommen hätte. Als nächstes bekam ich den Auftrag, eine Forschungsarbeit über Israel zu machen, und ich berichtete der Klasse von Gottes Verheißung, daß Israel in sein Land zurückkehren würde, und erzählte dann alles, was ich über die Wiederkehr Christi wußte. Ein Mädchen war sehr ergriffen von den Aussagen der Bibel und von meinem Bericht! Dann mußte ich in der Klasse aus der Bibel vorlesen. – Am letzten Sonntag beteten wir mit dem Pastor, daß Gottes Heiliger Geist stark wirken könne. Unglaublich – die Leute strömten daraufhin nur so zum Altar hin.«

Auch die Briefe, die John seinen Eltern sandte, waren voller Neuigkeiten über sein erfülltes Leben und seine Liebe zu Christus. Er berichtete ihnen von einem Missionslager in Nordkalifornien, zu dem die Gemeinde vier junge Leute entsenden würde. »Mike, Dave, Kathi Johnson und ich fahren hin«, schrieb er.

Mein Gefühl hatte mich nicht getäuscht; als John Kathi schließlich traf, mochte er sie. Eines Sonntagmorgens wunderte ich mich, daß Kathi sich in der Kirche nicht neben mich gesetzt hatte. Da sah ich, wie John und Kathi beisammensaßen und dabei waren, Bekanntschaft zu schließen. Später nach dem Gottesdienst standen John, Mike und Kathi in einer Gruppe zusammen und unterhielten sich angeregt.

»Rate mal, was ich vorhabe!« rief Kathi, als sie an diesem Sonntag zum Abendessen kam.

»Ich gehe mit John, Dave Wallis und Mike Quatro zum Missionslager.«

Ich war verblüfft. »Du machst ... was?«

»... und ich werde selbst fahren.«

»Du wirst ... was?« wiederholte ich maßlos erstaunt. Aber bald war ich ebenso aufgeregt wie Kathi, als sie anfing, alles genau zu erklären.

»Die Gemeinde sendet vier junge Leute zum Missionslager, und man hat mich gebeten, dabeizusein.«

Ihr Gesicht glühte vor Freude.

»Aber ich habe versprochen, daß ich mit dem Auto fahren würde«, erinnerte sie sich plötzlich niedergeschlagen.

»Mit welchem Auto willst du denn fahren?« fragte Vern leise lächelnd.

»Nun –«, sie wußte es nicht.

»Keine Sorge, wir werden eines für dich finden.«

Wir waren alle begeistert von Kathis Entschluß, das Lager zu besuchen. Wir würden alles für sie tun, um ihr zu helfen. Trotz des Umzugs mit Felicia war Kathi jetzt endlich wieder »unser Mädchen« geworden.

Die Freundschaft mit John Wallis hatte einen stark ausgleichenden Einfluß auf Kathis übersprudelndes Leben. Sie wurde merklich ruhiger, ihr Lächeln aber wurde noch heller, noch strahlender. – Ihre Gebete waren beantwortet worden, und sie lernte, Christus vollkommen zu vertrauen.

All die Mühe und Kritik, die ich für notwendig gehalten hatte, um meine Tochter in Einklang mit Gottes Willen zu bringen, war nicht das Rechte gewesen. Es war die stille, feine Stimme des Heiligen Geistes, die Kathi gesucht und gewonnen hatte. Sie hatte seinen Ruf gehört und war ihm gefolgt.

Ich war beschämt, daß ich in dieser Weise versucht hatte, dem Heiligen Geist nachzuhelfen. Nie wieder würde ich den Kindern meine sehr menschlichen Gedanken aufzwingen. Ich würde sie feinfühlig zum Glauben hin anleiten und sie immer wieder von ganzem Herzen Christus anbefehlen; aber ich würde es Gott überlassen, das Werk der Überzeugung und der Gewißheit zu vollbringen. Ich hatte eine wertvolle Lektion gelernt.

KAPITEL XII

»Stellt euch vor«, rief Kathi, »ich habe im Geschäft gefragt, ob ich zwei Wochen Urlaub bekommen kann, und ich habe tatsächlich freibekommen. Jetzt komme ich mit euch für eine Woche an den Lake Shasta, und in der anderen Woche gehe ich zum Missionslager.«

Wir hatten unseren Urlaub am schönen Lake Shasta in Nordkalifornien bereits gebucht. Unsere Freunde Roy und Betty Ramsey besaßen dort einige Strandhütten, in denen wir die letzte Augustwoche verbringen wollten.

»Es gibt nur eine Schwierigkeit«, sagte Kathi nachdenklich. »Ich muß am Donnerstagabend wieder zurück sein. Da findet das große Ost-West-Spiel statt, und es ist das letzte Mal, daß ich die Mannschaft anfeuern kann.«

»Aber Kathi, wir wollten doch bis Sonntag dort bleiben. Und du brauchst zwölf Stunden, um von Lake Shasta hierher zu kommen.«

»Dann werde ich eben am Mittwochabend mit dem Bus zurückfahren. Ich möchte auch mit dir und Vati zusammen sein, 'mal wieder richtig Urlaub machen und mit euch unter einem Baum sitzen und Gottes Wort studieren.«

Ich rief den Busbahnhof an und stellte fest, daß es ziemlich umständlich für Kathi würde, nach Hause zu kommen, aber das machte ihr nichts aus. Sie war fest entschlossen, mit uns an den See zu fahren und danach ihre Mannschaft bei dem großen Spiel anzufeuern. John Wallis und all ihre Freunde von der Cleveland High School wollten auch dort sein. Es sollte ein großartiger Abend werden!

Am Freitagabend bekam ich Fieber, und wir mußten unseren Urlaub auf die nächste Woche verschieben. Ich war sehr enttäuscht, denn ich hatte mich so darauf gefreut, die Woche zusammen mit Kathi zu verbringen.

»Es tut mir so leid, daß ich krank geworden bin, Liebling«, sagte ich zu ihr. Sie saß neben mir auf dem Sofa und nagte an ihrer Lippe.

»Was soll ich nun mit der ganzen freien Woche anfangen?« fragte sie. Plötzlich erhellte sich ihr Gesicht. »Ich weiß es! Ich werde mich um meine Brüder kümmern und mit ihnen am Strand zelten.«

»Weißt du auch, auf was du dich da einläßt?« Schon der Gedanke an ein solches Abenteuer wäre für mich, ungeachtet des Alters, unvorstellbar gewesen. Nicht jedoch für Kathi!

»Warum nicht?« antwortete sie lebhaft. »Wir fahren morgen gleich nach dem Gottesdienst weg und kommen am Donnerstag zurück.«

Mir war nicht ganz wohl bei dem Gedanken, aber Kathi war sich ihrer Sache sicher. Sie würde es schaffen!

»Nun gut, aber Danny bleibt bei mir zu Hause. Du kannst mit Rich und Dave gehen, aber ihr müßt versprechen, jeden Nachmittag um vier Uhr anzurufen.«

»Ja, na gut – okay!« versprach Kathi.

Den ganzen Samstag suchte Vern ununterbrochen nach einem Auto, damit Kathi in der folgenden Woche ins Lager fahren konnte. Schließlich bot ihm ein Händler einen roten Mustang an, und Vern nannte den Preis, den er im Höchstfall zahlen wollte.

»Der Händler ruft mich an, wenn er den Preis akzeptiert«, sagte er zu Kathi, die seine Rückkehr schon ungeduldig erwartet hatte.

Später bepackte Vern unseren Impala mit der großen Zeltausrüstung, während Kathi und die Jungen aufgeregt die Treppen hinauf- und herunterliefen und alle möglichen Dinge anschleppten – Eisbehälter, Konservendosen, Koffer und Taschenlampen.

Am Sonntag machten sie sich auf in ihr Abenteuer... meine mutige, alles wagende Tochter mit ihren beiden kleinen Brüdern. Nachmittags um vier Uhr klingelte das Telefon.

»Wir sind alle gut angekommen, Mama«, sagte Kathi. »Mach dir keine Sorgen. Es sind Tausende von Leuten hier, und es ist glühend heiß.«

Sie schwammen den ganzen Tag, kochten im Freien – wobei natürlich nicht viel herauskam –, und nachts las Kathi ihren Brüdern bei Laternenlicht aus den Biographien mutiger Christen vor.

»Nun, habt ihr das verstanden? Leuchtet euch das ein? Ihr werdet älter und solltet allmählich wissen, was es heißt, Christ zu sein.«

Die Jungen nickten. Schon als sie noch klein waren, war Kathi stets ihr Kumpel gewesen, und nun war die große Schwester noch einmal für sie das kleine Mädchen geworden, das mit ihnen Monopoly spielte, mit ihnen den Strand entlanglief und mit ihnen lachte, wenn sie in dem kleinen Zelt aufwachten und nicht mehr wußten, welches Bein zu wem gehörte . . .

Es waren Tage, die sie nie vergessen würden. Als am Montagabend das Telefon läutete und der Verkäufer des roten Mustangs uns mitteilte, daß er Verns Angebot annehmen würde, waren wir genau so aufgeregt, wie Kathi es in diesem Moment gewesen wäre. Den nächsten Tag verbrachte Vern damit, neue Reifen zu kaufen, für die Versicherung zu sorgen und sie für Kathi zu bezahlen. An diesem Tag konnte ich es kaum erwarten, bis es um vier Uhr läutete.

»Rate mal, was in der Einfahrt steht?«

»Doch nicht etwa der Mustang?« Auf solch einen Freudenschrei war ich nicht vorbereitet gewesen.

»Ja, er gehört ganz allein dir.«

Ich brauche wohl nicht zu sagen, daß sie es keinen Tag länger am Strand aushielten.

Als Vern, Danny und ich uns an diesem Abend gerade zu Tisch setzen wollten, kamen drei schmutzige, müde, braungebrannte Kinder herein.

»Ich kann es kaum erwarten, dort um die Ecke zu schauen und das rote Auto zu sehen«, sagte Kathi zu ihren Brüdern. »Leute, unsere Eltern sind einfach klasse!«

Ein großes Kompliment von einem Teenager!

Kathi nagte an ihrem Hähnchen und zappelte auf der Stuhlkante. Sie mußte natürlich sofort wieder los, um ihren Freunden das neue Auto zu zeigen.

Wir sahen sie erst am Donnerstag wieder, als sie ins Haus gestürzt kam, um ihre Anfeuerungsausrüstung zu holen. Sie zog ihren rot-weißen Anführerrock an, schnappte die Papierbüschel und wollte schon wieder zur Türe hinaus.

»Warte einen Moment!« rief ich und holte schnell meine Pocket-Kamera. »Stell' dich dort hin und juble mir ein bißchen zu. Das ist dein letzter Abend als Anführerin, und ich möchte noch ein Bild von dir machen.«

Sie kickte ihr Bein hoch in die Luft, schwenkte ihre Papierbüschel und lachte mir zu – es wurde ein Bild, das ich immer bei mir tragen wollte.

KAPITEL XIII

Die Morgensonne stand bereits hoch am Himmel, als ich am folgenden Samstag mit Kopfschmerzen erwachte. Wir wollten heute packen und letzte Vorbereitungen für unseren Aufbruch nach Shasta treffen.

Cindy war über das Wochenende hier, und ich hatte versprochen, mit ihr einkaufen zu gehen. Ich eilte in mein Büro, um noch einige Dinge vor dem Urlaub zu erledigen, und wollte mittags wieder zu Hause sein.

Die Stille in dem verlassenen Büro gab mir Gelegenheit, einmal über alles nachzudenken, was in den vergangenen Monaten passiert war. Kathi hatte sich in so kurzer Zeit sehr verändert; ich konnte es kaum glauben, daß all die Jahre, in denen wir nur wenig Verständnis füreinander aufgebracht hatten, nun vorüber waren. Indem ich Kathi gehen ließ, hatte ich zu ihr gefunden, indem ich sie ihre eigenen Entscheidungen treffen ließ, hatte ich eine Tochter gewonnen, der ich vertrauen konnte. Obwohl ich ihren Auszug aus unserem Haus und ihr Zusammenleben mit Felicia so gefürchtet hatte, war es gerade dies gewesen, was sie unserer Familie nähergebracht hatte.

Mein Herz war leicht und voll Dank, als ich die Schreibmaschine wegräumte und meinen Schreibtisch saubermachte. Es würde mir guttun, eine ganze Woche fortzusein – mich einmal völlig zu entspannen. Ich schloß die Tür zu und fuhr heim.

Als ich zu Hause ankam, wartete Cindy bereits.

»Kathi war vor einer Weile hier und wollte mich zum

Frühstück mitnehmen, aber ich hab' gesagt, daß wir auf dich warten würden. Sie kommt noch einmal her, und wir gehen dann zusammen zum Mittagessen.«

Cindy war einen Moment still und sagte dann: »Mutter, hast du bemerkt, wie anders Kathi geworden ist?«

Ich lächelte. »Ja, Cindy.«

Cindy war offensichtlich verwirrt. »Sie war so nett zu mir, sie scheint –« sie suchte nach dem richtigen Wort, »in völligem Frieden zu sein.«

Ich lächelte und war glücklich, daß auch Cindy dies bemerkt hatte. Jetzt, endlich, *endlich*, konnten die Beziehungen zwischen uns dreien so sein, wie ich es mir immer gewünscht hatte.

»Danke, Herr«, flüsterte ich.

Braungebrannt von den Tagen am Strand kam Kathi einige Minuten später herein.

»Du böses Mädchen, wir beschaffen dir ein Auto und sehen dich dann zwei Tage lang nicht«, neckte ich sie. Sie lächelte. »Ich habe viel zu tun gehabt, um alles für das Lager vorzubereiten. Ich muß um vier Uhr wieder bei der Arbeit sein. Vielleicht sollten wir besser mit zwei Autos fahren.«

Ich versicherte ihr, daß wir sie rechtzeitig zurückbringen würden.

Zum Mittagessen gingen wir in ein kleines Hühner-Grill-Restaurant. Kathi, die sonst immer so gesprächig und laut war, saß ruhig und in Gedanken versunken am Tisch. Wir plauderten über das Missionslager. »Hast du einen warmen Mantel für kalte Abende?« fragte ich. »Und laß doch lieber die Jungen fahren, warum sollst du dich ans Steuer setzen?«

Sie versprach, warme Kleider mitzunehmen und die Jungen fahren zu lassen, aber ihre Gedanken schienen weit weg zu sein.

Wir beendeten unsere Mahlzeit und fuhren zu dem Kaufhaus, in dem die Mädchen Besorgungen machen wollten, während ich Lebensmittel für unseren Urlaub einzukaufen hatte. »Ich muß jetzt Sharon auf Wiedersehen sagen.« Kathi klatschte in die Hände. Seit sie sich in der High School getroffen hatten, war Sharon ihre Freundin gewesen; sie sahen sich so ähnlich, daß ich immer zweimal hinsehen mußte, wenn Sharon zur Tür hereinkam.

Als ich mit meinen Einkäufen fertig war, ging ich hinüber ins Kaufhaus, um die Mädchen zu treffen. Ich konnte sie aber nicht finden und bat den Portier, sie auszurufen.

Schließlich fand ich sie bei Sharon, die in der Erfrischungshalle arbeitete. Als Kathi hörte, daß der Portier ihren Namen ausrief, verzog sie das Gesicht.

»Oh, Mutter«, stöhnte sie verlegen.

Ich umarmte sie. »Freu' dich, jetzt weiß jeder, daß Kathi Johnson hier im Kaufhaus ist.«

»Kommst du nach der Arbeit bei uns vorbei, Kathi?« fragte ich, als wir nach Hause zurückfuhren. »So gegen Mitternacht?«

»Ja, Mama, ich möchte mein Trinkgeld bringen, damit du es für mich auf der Bank einzahlen kannst. Ich werde mich erst heute nacht verabschieden.«

»Paß auf dich auf, Liebling!« rief ich, als sie ins Auto einstieg.

»Viel Spaß!« Cindy winkte ihr nach.

Wir standen da, winkten und lachten und sahen ihr nach, als sie wegfuhr; wir blieben stehen, bis das rote Auto um die Ecke gebogen war und wir es nicht mehr sehen konnten.

Ich hatte noch immer Kopfweh. Es war sehr heiß, und ich mußte noch einige Sachen packen. Plötzlich war ich sehr müde und niedergeschlagen. Als Vern heimkam, beschlossen wir, schon früher abzufahren, als wir es ursprünglich vorhatten. Vern rief Kathi im Geschäft an.

»Ja, Váti«, sagte sie mit ihrer hellen Stimme.

»Kathi, wenn du heute nacht kommst, dann leg' das Geld einfach auf den Tisch. Wir haben beschlossen, schon um 4 Uhr morgens zu fahren und gehen deshalb früher zu Bett.«

Er mahnte sie, vorsichtig zu fahren, und gab ihr die Telefonnummer, unter der sie uns in Shasta erreichen konnte – »nur falls du sie brauchst«.

Ich stand neben ihm, aber ich griff nicht nach dem Telefonhörer, um mich zu verabschieden. Wir würden uns ja doch schon in einer Woche wiedersehen.

KAPITEL XIV

Lake Shasta lag vor uns, blau und funkelnd wie ein Diamant in der Sonne. Wir fuhren am See entlang und waren gespannt auf unsere Strandhütte, in der wir eine Woche lang wohnen sollten.

»Der See ist ja riesig!« riefen die Jungen aus. Wir waren auf seine Größe und auf die Schönheit, die den Bergsee umgab, nicht vorbereitet gewesen. Es war das Wochenende, an das sich der »Tag der Arbeit«, ein freier Montag, anschloß, und wir freuten uns auf den Frieden und die Stille, wenn die Urlaubermenge am Montagabend wieder abfahren würde.

Es war heiß, aber die Luft war nach all dem Qualm und den Abgasen in Los Angeles wohltuend frisch und klar. Unsere drei Jungen stellten sich bereits vor, wie sie mit Angelruten in der Hand in einem Boot auf dem See herumfahren würden; Vern träumte davon, Wasserski zu laufen.

Ich aber war still und sagte der Familie nicht, daß ich gerade eine tiefe Depression durchmachte. Ich war froh, daß Kathi zum Missionslager gefahren war. Cindy und Don machten auch gerade Urlaub. Warum hatte ich nur während der ganzen langen, zwölfstündigen Fahrt eine ständige, immer stärker werdende Angst in mir gefühlt?

Dann lag ich im Boot, die Sonne schien warm auf mich herab, das Wasser war kühl und einladend – meine Welt hätte völlig in Ordnung sein können! Wir schwammen in einer kleinen Bucht, aßen am Strand zu Mittag, lagen im Sand und schauten in den wolkenlosen, blauen Himmel hinauf. Was konnte schöner sein als ein von majestätischen Bergen umgebener nordkalifornischer See und sternenklare Nächte, in denen wir zum Strand hintergingen, Hand in Hand dasaßen und aufs Wasser hinausschauten?

Für Vern und die Jungen war ein Tag schöner als der andere. Wir aßen köstlichen frischen Fisch; wir besuchten unsere Freunde Roy und Betty Ramsey, speisten mit ihnen zu Mittag und plauderten über vergangene Zeiten; wir verbrachten einen ganzen Tag damit, hinter schnellen Booten Wasserski zu laufen. Unsere einzige Bekleidung bestand aus Badeanzug und kurzen Hosen; und wenn die Sonne zu heiß brannte, suchten wir Schutz in unserer klimatisierten Hütte und machten Spiele mit den Jungen.

Aber jeden Tag kämpfte ich gegen die Panik in mir an. »Es gibt keinen Grund dafür«, sagte ich zu mir selbst, »alles ist in Ordnung.« Die Mädchen hatten bestimmt eine wundervolle Zeit. Obwohl es unser erster Urlaub ohne sie war, mußte ich mir sagen, daß sie nun erwachsen waren und ihr eigenes Leben zu führen hatten. – Meine Angst begann nun, die Form von Furcht wegen einer auf mich zukommenden Gefahr anzunehmen. Ich versuchte mich zu zerstreuen und las in den Büchern, die ich mir mitgebracht hatte. Einmal kam ich an einer Telefonzelle vorbei und überlegte, ob ich Kathi im Missionslager anrufen sollte. Sie würde sicher sehr beschäftigt sein und viel Freude haben – und außerdem, ich hatte nichts, womit ich meine Furcht begründen konnte. Aber ich ertappte mich dabei, daß ich die Tage und Stunden zählte, bis wir wieder nach Südkalifornien und nach Hause aufbrechen würden.

Endlich war es Freitag. Am Samstag wollten wir morgens noch einmal schwimmen gehen, dann das Auto bepacken und nach Hause fahren. Ich konnte es kaum erwarten und wußte nicht warum.

Am Freitagabend saß ich auf einer Bank am Ufer und schaute Vern und den Jungen beim Fischen zu. Es begann schon zu dämmern. Was tagsüber so atemberaubend schön war, wurde nachts gespenstisch. Schatten krochen um die Bäume und Bänke, und es wurde kalt.

Es war schön gewesen, zwei Mädchen zu haben, und nun würden wir beinahe ein reines »Männerhaus« sein: Football, Baseball, Fischen, Zelten – das waren für die Zukunft die Gesprächsthemen in unserem Heim. Vielleicht waren tatsächlich diese Aussichten der Grund für meine Gemütsverfassung! Ich war sicherlich nur traurig, so weit von Cindy und Kathi entfernt zu sein, auch wenn es nur für eine Woche war.

Nachdem wir die Fische geputzt und gegessen und die Jungen ins Bett gebracht hatten, gingen Vern und ich in ein nahes Café, um noch einen kleinen Nachtisch zu essen. Wir plauderten mit der Kellnerin über unsere Kinder. Ich erzählte von Kathi und sagte: »Es sieht so aus, als ob wir eine Missions-Tochter bekommen würden.« Es klang sogar für mich unglaublich.

Meine Niedergeschlagenheit wich nicht. Ich schaute auf die Uhr an der Wand des Cafés; es war genau 22.30 Uhr. »So lange ich lebe, werde ich diese Nacht nicht vergessen«, dachte ich und fragte mich, warum ich dies wohl dachte.

Wir schlenderten langsam zu unserer Hütte zurück. – Plötzlich brach alles, was sich bisher in mir aufgestaut hatte, heraus. Von Krämpfen geschüttelt begann ich zu weinen, aber ich konnte keinen Grund finden und nicht erklären, warum ich weinte. Vern hielt mich fest, aber je mehr er versuchte, mich zu trösten, desto mehr weinte ich. Eine namenlose Angst ergriff mich. Ich sandte Gebete hinauf zu meinem himmlischen Vater, aber sie schienen an einer unsichtbaren Wand abzuprallen. Schließlich schlief Vern ein, und ich bat Gott, mir nahe zu sein und mich zu trösten in dieser Not, die ich mir nicht erklären konnte. Ich weinte und schluchzte in mein Kissen hinein. Später stand ich auf und wanderte in der winzigen Hütte umher, bis ich plötzlich stehenblieb und ein Schmerz mich zu Boden werfen wollte. Ich schaute auf die Uhr: Es wurde gerade 0.30 Uhr.

»Oh, Herr«, schrie ich hinaus, »warum bist du nicht bei mir?« Die einzige Antwort, die ich erhielt, war ein Gefühl, als ob sich mein Herz plötzlich auszugießen schien. Etwas tief in mir schmerzte; es war, als ob ein Teil meines Selbst herausbrach.

Ich legte mich wieder aufs Bett, und als Tränen meine Wangen herabliefen, dachte ich an Kathi. Morgen würden sie nach Hause zurückfahren. Ich lächelte im Dunkeln erleichtert. Ich fragte mich, ob Jim und Ann Wallis in Brasilien wüßten, daß Kathi mit ihren Jungen in das Lager gefahren war. Ich begann, ihnen in Gedanken einen Brief zu schreiben:

»Liebe Ann, lieber Jim . . . Ist es nicht wundervoll, daß Gott Kathi und John zusammengeführt hat? Ich hoffe, ihr seid darüber so froh wie ich . . .« Endlich fand ich in den langersehnten Schlaf.

4 Uhr! Mitten in der Nacht klopfte es an der Tür. Ist das nicht etwas, an das alle Eltern denken und das alle im tiefsten Innern fürchten? Die meisten erleben es nicht. Aber wir erlebten es.

Noch benommen vom tiefen Schlaf hörte ich, daß Roy Ramsey nach Vern rief: »Vern, kannst du bitte schnell ins Büro kommen! Ein Telefongespräch für dich.« Ich sprang auf, und stammelnd kamen die Worte von meinen Lippen: »Es ist wegen Kathi.«

Vern ging hinaus zum Telefon ... plötzlich wußte ich, warum ich die ganze Woche so niedergeschlagen gewesen war: ich war auf diesen Augenblick vorbereitet worden. Wie gebannt saß ich auf der Bettkante. Eigentlich hätte ich mich anziehen und mit Vern ins Büro gehen sollen, aber erst mußte ich etwas anderes tun. Ich mußte mit meinem Herrn reden. Und dann spürte ich plötzlich Gottes Gegenwart, und sein Friede kam über mich, überwältigend und real und tröstend.

Als ich ins Büro kam, sah ich die eingefallenen Gesichter von Roy und Betty und Vern. Sie weinten.

»Sag mir, Liebling«, bat ich, »was ist geschehen? Ein Unglück?« Aber natürlich wußte ich bereits alles, als ich ihn sagen hörte: »Ein Frontalzusammenstoß.«

»Erzähl', erzähle weiter!« forderte ich. Er hängte den Hörer auf, wendete sich mir zu und sagte ruhig: »Kathi, Mike und John sind tot. Dave ist im Krankenhaus in Salinas. Man glaubt nicht, daß er überleben wird. Es geschah um etwa 0.30 Uhr. Wahrscheinlich wollten die Kinder gerade nach Hause fahren.«

Mitternacht! Ich sah mich wieder in der Hütte stehen und auf meine Uhr schauen und fühlte wieder, wie mein Herz sich plötzlich auszugießen schien. Ein kleiner Teil von mir war in jenem Augenblick zerbrochen, als Kathi sterbend im fernen King City lag.

Im selben Augenblick waren meine Gedanken in Brasilien

bei Ann und Jim Wallis. Ich erinnerte mich, wie Jim auf der Kanzel gestanden und die versammelte Gemeinde gebeten hatte, gut auf seine Kinder aufzupassen. Nun war ihr hübscher Sohn John tot und Dave lebensgefährlich verletzt. »O, Gott«, betete ich, »laß Dave nicht sterben!!«

Meine Gedanken eilten nach Canoga Park zu Joe und Veda Quatro. Ihr zweiter Sohn Mike war ein so feiner Junge, der sein Leben Gott gewidmet hatte. Der Schmerz schien sich zu verdreifachen.

Und plötzlich fiel mir ein bekannter Vers ein, den ich in meiner Bibel unterstrichen hatte: »Getrennt vom Leib, doch vereint mit dem Herrn.«

»Wie nahe sie beim Herrn gewesen sein müssen«, sagte ich laut. »Sie sprudelten sicherlich über vor Glück, nach einer so schönen Zeit im Missionslager.«

»Ich muß Cindy anrufen.« Vern wählte die Nummer ihrer Wohnung in Garden Grove. Er sagte nur ein paar Worte. Dann konnten sie beide nicht mehr.

»Du kennst das Lager, zu dem Kathi gegangen ist?« fragte er. Dann nahm ich den Hörer und schluchzte: »Fahr heim, Liebling! Sei zu Hause, wenn wir kommen!« Wir riefen unsere Eltern an, und dann dachte ich an Felicia, die – allein in ihrer neuen Wohnung – Kathi heute zurückerwartete.

»Ich muß es Felicia sagen.«

»Wer ist Felicia?« wollte Betty wissen.

Was sollte ich sagen? Wer war Felicia? »*Felicia ist meine beste Freundin, Mama.*« Das wäre Kathis Antwort gewesen. »*Ich liebe Felicia.*«

Ihre beste Freundin, die ich so hart zurückgewiesen hatte.

Jetzt wollte ich sie sehen, sie um Verzeihung bitten, sie aufnehmen, als ob sie Kathi selbst wäre.

Roy rief Pfarrer Royal Blue an und bat ihn, doch zu uns zu kommen, bevor wir abreisen würden. Pfarrer Blue war Freizeitseelsorger in vielen Lagern gewesen, die von der High School veranstaltet worden waren. Kathi hatte ihn immer besonders gern gehabt, und auch wir mochten ihn. Wenig später kam er an und las uns einige tröstende Verse aus den Psalmen vor. Rich, Dave und Danny standen wie betäubt neben uns. Sie konnten kaum glauben, daß ihre vor kurzem noch so lebendige Schwester von ihnen gegangen war. Wir hielten uns an den Händen und baten um die Gnade Gottes und um seinen Trost; wir beteten, er möge uns seinen Frieden geben – wie hilfreich war das Wissen, in diesen schweren Stunden nicht allein zu sein! Wir beteten für Dave Wallis, der um sein Leben kämpfte; wir beteten, daß Ann und Jim heimkommen konnten; wir dachten auch an Joe und Veda.

Ein schwaches Dämmerlicht schien bereits durch die Fenster, als wir uns von Roy und Betty Ramsey und Pfarrer Blue verabschiedeten. Lake Shasta lag hinter uns, kalt und gar nicht mehr einladend.

Vern fuhr schweigend vor sich hin – nach Salinas, um unsere Tochter zu identifizieren. Die Jungen saßen still auf dem Rücksitz, während ich meinen Kopf aufstützte und an die vergangenen Wochen dachte.

Ich erinnerte mich, daß Kathi vor nicht langer Zeit in unserem Zimmer gestanden und ihre Brüder betrachtet hatte.

»Ja«, sagte sie und nickte, »ihr habt gute Jungen großgezogen. Ihr seid eine nette Familie.«

Ein kalter Schauer durchfuhr mich da. »Warum, Kathi«,

sagte ich, »wie kannst du so etwas sagen? Du gehörst doch zu unserer Familie!«

Sie hatte sich nur still umgedreht. – Welche Vorahnungen mag Kathi in den letzten Monaten gehabt haben ... Jetzt erinnerte ich mich daran, was sie einem Freund erzählt hatte: »Ich träumte, ich fuhr mit dem Auto auf einer Autobahn und war auf dem Weg zu einer Hochzeit. Da schlief ich plötzlich ein und wachte erst im Himmel wieder auf.«

Als wir so schweigend dahinfuhren, dachte ich an mein Baby, mein kleines Mädchen, das zu einer jungen Frau herangewachsen war – meine Tochter, die ich nie richtig verstanden hatte. Ich würde ihr lachendes Gesicht nie wieder sehen und ihr helles »Hallo, Mama!« nie wieder hören.

»Jetzt verstehe ich, was das, was Jesus Christus vollbracht hat, wirklich bedeutet.« Ich brach das Schweigen und schaute Vern an. »Es bedeutet, daß die Tür zum Himmel offen steht für alle, die glauben.«

Die stärkende Liebe Gottes war unser Halt; wir fühlten seine Hand jede Minute auf dieser langen, heißen Fahrt. Schließlich hielten wir an und machten eine kleine Frühstückspause. Als uns die dunkelhaarige, kleine Kellnerin Kaffee einschenkte, mußte ich an die Nacht denken, in der wir in Norms Café Verns Geburtstag gefeiert hatten. Kathi war umhergeschwebt und hatte gescherzt und gelacht. Ich schob meine Tasse beiseite und schluchzte, ohne mich meiner Tränen zu schämen.

Aber trotz alles Schmerzes mußte ich nie fragen: »Warum?« – Ich sollte die Antwort erfahren, noch bevor die Woche vergangen sein würde.

KAPITEL XV

Wir fuhren die lange, gewundene Straße zum Krankenhaus in Salinas hinauf und betraten den kühlen Empfangsraum.

Das Mädchen am Schalter drehte sich um und begrüßte uns freundlich.

»Dave Wallis –«, Verns Stimme klang heiser. »Wie geht es Dave Wallis?«

Das Empfangsmädchen wandte sich an eine Schwester, die in der Nähe stand. Die Schwester schüttelte den Kopf.

»Sehr schlecht. Sie dürfen ihn nicht sehen, aber Sie sollten seine Schwester Ethel anrufen. Sie ist angekommen. Ich habe hier ihre Telefonnummer.« Mit zitternden Fingern wählte ich die Nummer.

»Hier ist die Wohnung von Pastor Wilson«, sagte eine fremde Stimme. Ich fragte nach Ethel Wallis . . .

»Oh, Ethel«, ich begann zu weinen, »es tut mir so leid.« Ihre Stimme war fest. »Du weißt, der Herr ist mit uns.« Ethel, die genau so alt war wie meine Cindy, hatte sich in ihrem Herzen bereits mit der Sache abgefunden. Sie hatte Dave in Gottes Hand gegeben. Ihr Mut war größer als der meine. Ich sagte ihr, daß wir gleich zu ihr kommen würden.

Pastor Ralph Wilson hatte durch die Lagerleitung von dem Unfall erfahren und öffnete unseren Familien gütig sein Herz und sein Heim.

Wir fuhren zu Wilsons Wohnung und wurden sofort mit

der Sorge und der Liebe von Brüdern im Glauben umfangen. Joe Quatro saß weinend auf der Couch, vom Leid gezeichnet; Ethel wartete darauf, eine Nachricht über einen Kurzwellensender nach Brasilien zu ihren Eltern schicken zu können. Jim Montgomery, Vorstand unseres Diakonischen Zentrums und langjähriger Freund, saß neben Joe.

Schon in der Sonntagmorgenzeitung stand in großen Lettern: »Drei Tote beim Zusammenstoß in Greenfield.«

Ich las den Zeitungsbericht und konnte kaum glauben, daß sie über meine Kathi schrieben.

Wir standen im Eßzimmer und versuchten, einander zu stärken, doch allein die Gegenwart Gottes konnte uns trösten. Als wir später wieder im Krankenhaus anriefen, wurde bei Dave gerade eine Notoperation durchgeführt.

»Dave muß leben«, sagte ich zu Ethel.

»Er wird leben!« Ethel lächelte. »Ich weiß, er wird leben.«

Endlich, gegen drei Uhr morgens, konnte die Kurzwellennachricht durchgegeben werden. Ethel hatte ihrem Vater versprochen, ihn heute anzurufen und ihm zum Geburtstag zu gratulieren. Statt dessen mußte sie ihm sagen, daß John tot und Dave lebensgefährlich verletzt sei. Die Nachricht kam nur verschwommen an. Ethel mußte laut schreien, um gehört zu werden. Jedes Wort traf mich wie ein Hammerschlag.

»John tot«, rief sie laut und deutlich, »Dave verletzt! Kommt nach Hause!«

Als sie geendet hatte, schien alle Kraft von ihr gewichen zu sein.

»Sie werden versuchen, die Erlaubnis zu bekommen, das Land sofort verlassen zu dürfen«, sagte sie.

»Der Schmerz, der Schmerz erdrückt mich fast . . .« Ich sah Joe an, der tief in Gedanken versunken war. Aber unentwegt dachte ich an das Kind aus meinem eigenen Fleisch und Blut – Kathi. Ich hörte ihre Worte, als ich ihr an jenem Tag die Autoschlüssel überreicht hatte.

»Danke, Mama.« Immer und immer wieder klang das in meinen Ohren.

»Liebling«, sagte Vern zu mir, »ich werde mit den Jungen heimfahren. Ich möchte, daß du mit Joe und Jim nach Hause fliegst.«

Ich stimmte gerne zu.

»Weißt du«, ich lehnte mich im Flugzeug zu Joe hinüber, »weißt du eigentlich, daß jeder von uns fünf Kinder hatte?«

Joe nickte: »Ich habe auch daran gedacht. Es waren unsere zweitältesten Söhne und eure zweitälteste Tochter, die uns genommen wurden.«

Dann lehnten wir uns zurück und schwiegen, bis das Flugzeug zur Landung ansetzte.

Meine Gedanken begannen sich auf eine einzige Bitte zu konzentrieren. »Wenn nur ein Brief von Kathi daheim wäre, nur eine kurze Nachricht, in der sie uns vom Lager erzählte. Wenn nur ... wenn nur ...« Dieser Gedanke wiederholte sich in mir wie auf einer gesprungenen Schallplatte. »Wenn doch nur eine kleine Nachricht – wenn nur ein Brief ... ein Brief ... ein Brief ...« Gleich nach der Ankunft auf dem International Airport von Los Angeles rief ich meine Mutter an. Sie hatte bereits auf meinen Anruf gewartet.

»Ich treffe dich in eurem Haus.« Ich wußte, wie schwer sie dieser unfaßbare Vorfall belastete.

Wir fuhren nach Hause, und als wir in die Einfahrt einbogen, stand Cindy schon da und wartete. Wir gingen aufeinander zu und umarmten uns wortlos. Es gab keine Worte, die unser Leid hätten ausdrücken können. Kathi war gerade in dem Moment von uns gegangen, als wir zu ihr gefunden hatten. Auch Cindy empfand das stark. Ich ging ins Haus und ließ mich schwer auf das Sofa fallen. Cindy machte das Licht an. Unsere Augen waren verweint; unser großer Schmerz vereinte uns. Wir hatten Kathi beide geliebt, aber keiner von uns hatte sie jemals richtig verstanden.

Dann sprach ich das aus, was ich fortwährend dachte. »Wenn nur ... wenn doch nur eine kurze Nachricht, ein Brief von Kathi da wäre!« Ich schaute umher, als ob ich erwartete, einen Brief zu finden.

»Mama«, begann Cindy, »ich ging heute nachmittag zu Felicia, um es ihr zu sagen – und sie hatte einen Brief von Kathi bekommen. Ich dachte, du wolltest ihn vielleicht jetzt nicht sehen.« Sie öffnete ihre Brieftasche.

Ich griff nach den beiden Blättern, die Cindy in der Hand hielt.

»Aber doch, doch, ich will ihn sehen!«

Eine Sekunde lang schloß ich die Augen, bevor ich die bekannte Handschrift zu lesen begann. Felicia hatte den Brief am Freitag erhalten. Kathi mußte ihn am Mittwoch geschrieben haben, genau drei Tage vor dem Unfall.

Sie hatte auf die Rückseite einiger bedruckter Notizblätter geschrieben, so, als ob sie viel zu sagen hätte und es gleich auf der Stelle sagen müßte – sie hatte keine Zeit zu verlieren.

Ich öffnete den Brief und versuchte ihn vorzulesen. Tränen kamen mir und rannen die Wangen herab.

Liebe Felicia!

Dies ist die erste Gelegenheit, die ich zum Schreiben habe. Ich war so damit beschäftigt, Gottes Wort zu studieren. Das hier ist ein großartiger Ort. Ich erlebe wirklich wundervolle Stunden mit meinen Brüdern und Schwestern in Christus. Ich lerne so viel, und doch weiß ich nichts. Felicia, ich wollte, Du wärst jetzt hier. Christus ist die einzige Antwort, und es ist egal, ob Jon, Sharon, Brad oder Du glauben, das sei nur Unsinn – ich sage Dir, es ist das einzige! Ich habe wirklich eine Menge versäumt, weil ich lebe, wie der Großteil der Leute lebt. Oh, wenn nur alle Menschen meinen Jesus kennen würden! Ich bin überwältigt, wieviel man über ihn wissen und lernen kann. Das christliche Leben ist das einzige Leben. Ich meine nicht das scheinheilige Leben, das ich geführt habe, sondern das Leben, in dem der Heilige Geist einen führt und man ihm vertraut.

Felicia, ich mache jetzt keinen Spaß mehr, Du brauchst Jesus! Nicht als fromme Ausrede, sondern als den Herrn Deines Lebens. Ich meine, Du mußt ihm jeden Tag nachfolgen und mit ihm reden. Als Deine beste Freundin bin ich dafür verantwortlich, daß Du nicht verlorengehst. Glaube mir, ich weiß, diese Welt hat keine Lösung zu bieten. Du denkst vielleicht, Jim ist die einzige Antwort, aber *er* starb nicht für Deine Sünden. Ich kann nicht oft genug sagen, daß Du Gott brauchst. Kannst Du Dir vorstellen, was wir zusammen alles erreichen könnten? Wenn Du Christus wirklich als den Herrn Deines Lebens aufnimmst, garantiere ich Dir, daß alles anders wird. Ich habe als Christ versagt, aber glaube mir, für jede Person, bei der ich versagt habe, werden drei andere lernen, Jesus zu vertrauen. Ich weiß, daß Du jetzt sagen wirst: »Jetzt fängt sie schon wieder mit ihrer Religion an.« Ich sage Dir etwas: Ich kümmere mich nicht darum, was die anderen denken, denn jeder braucht Jesus. Nimm Dir Zeit zum Gebet, rede mit Gott, frage ihn nach dem perfekten Plan für Dein Leben! Er hat einen Plan für jeden, aber es liegt an Dir, herauszufinden, was für ein Plan es ist.

Lies die Bibel! Du wirst nicht glauben, wie großartig sie ist. Selbst ich kann es kaum glauben. Ich kann es nicht erwarten, mehr in ihr zu lesen. Es ist keine Zeit zu verlieren, denn Gott wird uns richten, und wir müssen ihm Rechenschaft geben. Was haben wir für Christus getan? Es gibt eine Menge Dinge, über die wir sprechen müssen, wenn ich wieder zu Hause bin. Ich freue mich so, Dir alles zu erzählen. Bitte, tue, was ich sage: Felicia, bete zu Gott! Bitte ihn, in Dein Leben zu treten. Sei nicht egoistisch wie ich und behaupte, Du könntest Deine Freiheit nicht aufgeben. Die materiellen Dinge der Welt werden vergehen, aber was Du mit Christus tust, wird bleiben. Weißt Du, warum Du niemals in Christus gewachsen bist, nachdem Du einmal »Ja« zu ihm gesagt hattest? Weil Du jeden Tag Gottes Wort lesen und beten mußt. Christus ist die Antwort, und ich danke Gott jedesmal, wenn ich bete, daß er mir seinen Sohn und das ewige Leben geschenkt hat. Felicia, ich bete zusammen mit meinen Brüdern und Schwestern hier für Dich. Ich hoffe, daß auch Du bald meine Schwester sein wirst. Es wird schwer für mich werden, wieder in unsere Wohnung zurückzukehren, denn die Bibel sagt, daß wir die christliche Gemeinschaft brauchen. Wir müssen einmal unsere Herzen sprechen lassen, und ich will Dir wirklich zuhören, was Du zu sagen hast. Felicia, ich möchte die Welt gewinnen, aber wenn ich nicht einmal meine beste Freundin überzeugen kann, wird mir klar, wie schwierig diese Aufgabe ist. Sei lieb, und wenn ich zurückkomme, werden wir eine Menge zu besprechen haben.

Ich schreibe dies in der Liebe Christi.
Deine Kathi

KAPITEL XVI

»Wo ist Felicia?« fragte ich Cindy.

»Sie kommt später, Mama.« – Cindy erzählte mir anschließend, wie sie Felicia in ihrer Wohnung besucht hatte, um ihr die furchtbare Nachricht zu überbringen.

»Ich nahm mir vor«, sagte Cindy, »ihr alles ganz ruhig zu erzählen, aber es gelang mir nicht. Ich konnte die Tränen nicht zurückhalten. Felicia saß wie versteinert da. Schließlich nahm sie den Brief, der auf dem Kaffeetisch lag. ›Wenigstens wissen wir, daß sie bei Gott ist‹, waren ihre Worte, und als sie dies sagte, begann auch sie zu weinen. Ich las Kathis Brief und fragte sie, ob ich ihn dir zeigen dürfe. Sie sagte: ›Ja.‹ – ›Ich nehme an, deine Mutter will mich nicht sehen‹, sagte sie leise, aber ich erwiderte: ›Doch, bestimmt will sie dich sehen.‹ Ich wußte, du wolltest es, Mama.«

Sie hatte recht. Denn nun konnte ich Felicia lieben und ihr vertrauen, so wie Kathi es sich gewünscht hatte. Sie war die beste Freundin meiner Tochter gewesen, und ich wollte sie sehen.

Meine Mutter und mein Bruder mit seiner Familie kamen an . . . das Telefon läutete . . . die Hausglocke schellte . . . Freunde riefen an oder kamen vorbei, um uns zu versichern, daß sie uns liebten und für uns beteten. Und ich wartete voller Ungeduld auf die Ankunft von Vern und den Jungen.

Meine Mutter erzählte mir, daß Kathi erst kürzlich bei ihr gewesen sei. Sie war überrascht gewesen, denn es war das erste Mal, daß Kathi ihre Großmutter allein besucht hatte.

»Ich habe heute frei, Großmutter«, waren ihre Begrüßungsworte, »und ich dachte mir, ich könnte dich einmal besuchen.« Sie sprachen über Kathis Plan, in der nächsten Woche ins Missionslager zu gehen.

»Ich bin so aufgeregt!« hatte sie gesagt. »Ich kann es kaum erwarten.«

Als sie Kathi an der Tür einen Abschiedskuß auf die Wange drückte, sollte es das letzte Mal gewesen sein, daß sie ihre »liebe Kathi« sah.

Was hatte sie veranlaßt, die große Tour von Westwood nach Pacific Palisades zu machen, nur um ihre Großmutter zu besuchen?

Wir erfuhren auch, daß Kathi kurz vor ihrem Aufbruch ins Missionslager noch bei Hope gewesen war.

»Hope«, hatte Kathi gesagt, »wir sind in letzter Zeit keine so guten Freunde mehr gewesen, und es tut mir leid. Weißt du, ich habe in letzter Zeit dafür gebetet, daß Gottes Wille mein Leben bestimmen möge, und Gott hat geantwortet. Ich habe nicht einmal gefragt, ob ich mit in das Lager gehen könnte, sie haben mich gefragt.«

Das war Kathis Abschied bei ihrer Freundin Hope. Und die Dringlichkeit ihrer Zeilen an Felicia wiederholten sich in einem ähnlichen Brief an ihren Freund Brad, der bei der Marine war. Kathis Brief an Felicia war ein Pflaster auf meine offene Wunde. Ich trug ihn ständig bei mir und zeigte ihn meiner Familie und unseren Freunden.

»Es ist fast so, als ob sie es gewußt hätte«, sagten einige. Oder: »Es ist ihr von Gott eingegeben.«

Am selben Abend gegen 9 Uhr klingelte jemand stürmisch

an der Haustür. Als ich öffnete, stand Tom, Kathis alter Freund, vor mir.

»Hallo!« sagte er lächelnd. »Kathi wohnt nicht mehr hier, stimmt's?«

Ich bat ihn, ins Haus zu kommen.

»Tom«, sagte ich so sanft wie möglich, »hast du es nicht gehört? Kathi hatte einen Unfall. Sie ist tot.« Ich glaubte, Tom würde ohnmächtig werden; er wurde bleich und setzte sich dann schnell auf einen Stuhl.

»Lies diesen Brief, Tom. Sie hat ihn Felicia drei Tage vorher geschrieben.« Ich gab ihm das geliebte Papier. Er las es, und als er es mir zurückgab, standen Tränen in seinen Augen.

»Was für ein Mädchen! Sie sagte laut und deutlich, was sie glaubte – bis zum Schluß.«

Ich mußte einen Augenblick lang lächeln, als ich mich an die hitzigen Diskussionen erinnerte, die Kathi und Tom über Glaubensfragen ausgefochten hatten. »Sie ist beim Herrn, Tom«, versicherte ich ihm, und er nickte.

Gegen Mitternacht, als sich der Trubel etwas gelegt hatte, kamen Vern und die Jungen an. Er nahm mich in die Arme, um mich zu trösten, und war überrascht, daß ich solch einen Frieden gefunden hatte.

»Schau, Liebling...« Ich zeigte ihm Kathis Brief, und er las ihn aufmerksam. »Ich möchte die Welt gewinnen«, wiederholte er. »Nur Kathi konnte so etwas sagen.« Seine Stimme spiegelte wider, was er in diesem Augenblick empfand. »Und weißt du was? Sie wird die Welt gewinnen mit diesem Zeugnis ihres Glaubens. Wer könnte einem solchen Aufruf widerstehen?«

Wir beteten. Wir dankten unserem himmlischen Vater, daß er unsere Tochter direkt zu sich genommen hatte. »Wo ich bin, seid auch ihr«, sagte Jesus. Welch ein Trost!

»Liebling«, Vern griff nach meiner Hand, »sie ist daheim.«

KAPITEL XVII

Am Sonntagmorgen läutete es an der Haustür. Es waren Felicia und ihre Mutter. Als Felicia ihre Mutter in Texas anrief, war alles, was sie sagen konnte: »Mutter, Kathi ist tot.« Ihre Mutter hatte das nächste Flugzeug bestiegen und war sofort zu ihr gekommen.

»Felicia, vergib mir«, sagte ich, als ich sie weinend umarmte, »ich war eifersüchtig, ich glaube, weil du und Kathi euch so nahe wart.« Ich weinte alle meine seit langer Zeit aufgestauten Gefühle hinaus.

Wir verbrachten den ganzen Tag zusammen und lernten einander kennen. Ich konnte Kathis Gegenwart spüren, warm und wirklich. Ich war so glücklich, daß ich endlich ihre beste Freundin angenommen hatte und sie liebte. Vielleicht wären viele Mißverständnisse gar nicht erst entstanden, wenn wir uns vor zwei Jahren getroffen und miteinander gesprochen hätten. »Kathi hat mich nie im Stich gelassen, nicht ein einziges Mal!« erzählte Felicia. »Sie versprach mir, wenigstens über den Sommer mit mir zusammen zu wohnen, wenn ich nach Kalifornien zurückkäme. Und sie hielt ihr Wort, obwohl sie wußte, daß sie euch damit verletzte.«

Unser Haus füllte sich mit Verwandten und Freunden – Kathis Freunde kamen scharenweise an unsere Tür... Lebensmittel wurden geliefert... Blumen gebracht... Telefongespräche kamen aus fernen Staaten... und immer wieder Worte des Segens und des Trostes: »Wir leiden nicht wie die anderen, die keine Hoffnung haben.«

War es in jenen Tagen eigentlich möglich, Frieden zu verspüren? Ja, wir hatten Frieden; er durchdrang mich, vollkommen und rein, der Friede, der alles Verstehen übersteigt – der Friede Gottes.

Im fernen Brasilien versuchten Jim und Ann Wallis ununterbrochen, eine Ausreisegenehmigung zu bekommen. Ihr Bemühen hätte in keine schlechtere Zeit fallen können. Alle Genehmigungen waren wegen politischer Unruhen von der Regierung vorübergehend zurückgezogen worden. Eine Ausreise schien unter diesen Umständen unmöglich zu sein.

An vielen Orten in den Vereinigten Staaten bildeten Freunde eine Gebetskette und baten Gott, Wunder zu wirken und sie nach Hause kommen zu lassen.

Am Donnerstag herrschte bereits eine verzagte Stimmung. Daves Zustand war immer noch kritisch, und wir hatten auch nichts aus Brasilien gehört. Einige Männer unserer Gemeinde kamen zusammen und versuchten, eine Lösung zu finden. »Wenn du mit jemandem in Brasilien sprechen wolltest, was würdest du tun?« – »Ich würde den Telefonhörer abnehmen und die Vermittlung um eine Verbindung nach Brasilien bitten!« sagte einer.

»Und das sollten wir auch tun!«

Die Verbindung wurde sofort hergestellt, und wir erfuhren, daß die Familie Wallis bereits auf dem Weg in die USA war und am Mittwoch in Salinas ankommen würde, um Dave zu sehen. Später erfuhren wir, daß tatsächlich ein Wunder geschehen war. Gott hatte das Herz eines hohen Beamten der brasilianischen Regierung bewegt, und dieser hatte ihnen erlaubt, trotz der ungünstigen Zeit auszureisen.

Vern und ich wußten, daß wir zusammen mit Joe und Veda Quatro Vorkehrungen für die Beerdigung treffen mußten, die am Donnerstag stattfinden sollte.

Als wir uns auf den Weg machten, wandte ich mich noch einmal um und warf einen Blick auf das Bild, das Kathi bei ihrem Schulabschluß zeigt. Einen Sarg für sie? Einen Sarg für mein lebhaftes, tanzendes Mädchen? Ich hielt Verns Hand fest und sammelte Kraft für die Aufgabe, die vor uns lag.

Als wir Joe am Bestattungsinstitut trafen, erzählte er uns alle Einzelheiten über den Unfall. Das Auto war irgendwie über die Mittellinie geraten und auf die Gegenfahrbahn gekommen. Wie das passieren konnte, wußte niemand.

Ich stellte mir den kleinen roten Mustang vor, wie er die kurvige Straße entlangsauste. Vier lachende Teenager saßen darin, plaudernd, Bonbons lutschend und so glücklich über die vergangene Freizeitwoche. Sahen sie die Gefahr? War es zu plötzlich für sie, um zu erkennen, daß ein Zusammenstoß bevorstand?

Es ist passiert, und wie es passierte, werden wir nie erfahren. Jetzt mußten wir also einen endgültigen Ruheplatz für unsere drei Kinder suchen. Wir waren tief gerührt, als liebe Freunde uns drei nebeneinanderliegende Gräber im schönen Oakwood-Friedhof in Chatsworth anboten.

Als wir abends zu Hause waren, gab Vern mir den kleinen, blauen Edelstein, den Kathi getragen hatte, als der Unfall passierte. Ich hielt ihn dankbar in der Hand. Kathi hatte ihn sehr gern gehabt und stets getragen. Ich dachte voller Liebe an John, der nun bei der Armee war, und an den Abend, als er Kathi den kleinen Ring voller Stolz überreicht hatte.

Gott hatte wieder mehr gegeben, als ich bitten oder erhoffen konnte. Ich hatte Kathis Brief – das letzte Zeugnis ihrer Liebe zu Jesus Christus –, und ich hatte diesen kleinen Ring, ein Zeichen ihrer vielen Freundschaften. Ich wußte damals noch nicht, daß ich noch mehr, viel mehr haben sollte.

KAPITEL XVIII

»Liebling«, sagte Vern zu mir, »ich glaube, du solltest Kathi so in Erinnerung behalten, wie sie war, und nicht, wie sie jetzt ist.«

Er ging vor mir in die Leichenhalle und schwankte, als er wieder herauskam. Aber tief in meinem Herzen wußte ich, daß ich den Körper sehen mußte, den Kathi zurückgelassen hatte.

Ich ging langsam in den Raum und schaute auf meine zweite Tochter hinab. Ihr dunkles Haar war gebürstet und lag offen um ihr Gesicht. Die Stirnfransen waren bis auf eine Strähne abgeschnitten. Ihre lachenden, dunklen Augen waren geschlossen. Kathi war nicht mehr bei uns.

Als ich so dastand, legte Vern sanft seinen Arm um mich, und wir fühlten beide die Gegenwart Gottes. Er war da, seine Gegenwart erfüllte den Raum. Es war alles so wirklich, obwohl man es nicht erklären konnte. Anstatt zusammenzubrechen, wie ich gefürchtet hatte, wurde mir das Herz ganz leicht, denn ich wußte, daß dies nicht unsere Kathi war. Sie lebte, sie war lebendiger als je zuvor, aber wir konnten jene Seite des Himmels nicht sehen.

Cindy trat an meine Seite, dann Felicia, meine Mutter, mein Bruder, unsere Jungen. Felicia legte liebevoll einen wunderschönen Blumenstrauß in Kathis Hand. Als ich Felicias Gesicht beobachtete, traten Tränen in meine Augen. Sie hatte Kathi geliebt und sehr gut gekannt, vielleicht besser als wir alle. Kathis letzte Gedanken und Gebete hatten Felicia gegolten. »Ich bin dafür verantwortlich, daß du nicht verlorengehst«, hatte sie geschrieben. Als die anderen hinausgingen, berührte ich Kathis Hand und flüsterte: »Gute Nacht, Liebling, bis morgen.« Dies hatte ich immer gesagt, wenn ich mich abends von den Kindern verabschiedete und ihnen eine gute Nacht wünschte, als sie noch klein waren.

Kathis Schlaf würde vielleicht lange dauern, aber eine Gewißheit konnte mir niemand nehmen: eines Tages, am Morgen der Ewigkeit, würde ich mein geliebtes Kind wiedersehen.

Felicias ging tief in Gedanken versunken mit uns zum Auto.

»Meinen Sie, ich könnte heute abend mit Pastor Smith sprechen?« fragte sie.

Ivan Smith, unserer früherer Pastor, war gerade aus dem Osten der Vereinigten Staaten zurückgekommen. Er hatte sich bereit erklärt, die Beerdigung zu halten. Wir fuhren Felicia zu dem Haus, in dem er wohnte, und er nahm sie beiseite.

»Ich möchte Christ sein. Genau wie Kathi«, sagte sie ihm.

Als Felicia zurück in das Zimmer kam, in dem wir warteten, glühte ihr Gesicht vor Freude.

Ich umarmte sie; mein Herz war zu voll, ich konnte nicht sprechen.

Kathis Bitten waren erfüllt worden. Felicia hatte sich an diesem Tag in die Hand des Herrn begeben und öffnete ihm ihr Herz und ihr Leben.

Ich erinnerte mich an den Tag im August, als Kathi beim Mittagessen plötzlich gesagt hatte: »Jetzt weiß ich, was ich mit meinem Leben anfangen werde. Ich möchte Missionarin werden!«

Auch wenn sie sehr alt geworden wäre – vielleicht hätte sie Felicia doch nie erreichen können, wie sie es nun im Tode tat. Und wäre Kathi Missionarin geworden, wie sie es geplant hatte, würden die Menschen, die durch ihren Tod die Botschaft des Evangeliums hörten, nie erreicht worden sein.

Wie wahr sind doch die Worte des Apostels Paulus: »Wir wissen aber, daß denen, die Gott lieben, alle Dinge zum Besten dienen.«

KAPITEL XIX

Jim und Ann Wallis kamen mit ihren beiden Jungen aus Salinas zu uns, und Dave wurde mit der Luftambulanz nach Hause gebracht. Er sollte in der nächsten Woche in die UCLA-Universitätsklinik gebracht werden, wo er sich umfassenden plastischen Operationen unterziehen mußte.

Wir hießen Jim und Ann zusammen mit Joe und Veda, Pastor Smith und Roy McKuen, den Präsidenten der »World Opportunities« und langjährigen Freund der Familie Wallis, willkommen. Obwohl wir alle vom Schmerz gezeichnet waren, gab es in unseren Herzen doch keinen Zweifel darüber, daß auch durch dieses schreckliche Unglück Gottes Wille geschehen war. Wir sprachen über unsere Kinder; die Quatros erzählten von Sue und Alissa, die Freunde von Mike waren und heute Christus angenommen hatten; Jim und Ann erzählten von Johns Freunden, die auch ihren Glauben an Jesus Christus bekundeten. Wir alle wollten, daß der morgige Beerdigungsgottesdienst nicht Trauer, sondern Sieg ausdrücken sollte, denn es war eine Tragödie, die zum Triumph geworden war. Wir bildeten einen Kreis, hielten uns an den Händen, und jeder von uns betete zum Herrn, daß durch den Tod unserer Kinder sein Name verherrlicht werde.

Wir weinten und beteten und konnten es kaum fassen, welche Ruhe uns alle erfüllte – welch vollkommener Friede.

Als ich in dieser Nacht zu Bett ging, bat ich Gott, mir seine Gnade und Kraft auch für den nächsten Tag zu geben. Die ganze Welt sollte wissen, daß seine Gnade genügte, um mit aller Not – sogar mit der Beerdigung eines geliebten Kindes – fertigzuwerden.

Die große, schwarze Limousine kam, um unsere Familie abzuholen, und wir fuhren zur Van Nuys-Baptist-Kirche, wo der Gottesdienst stattfinden sollte. Es war Vormittag und für einen Septembermorgen noch sehr warm. Der große Parkplatz war bald voller Autos.

Die wunderschöne Kirche war erfüllt vom majestätischen Klang der Orgel. Unsere Familie saß hinter der Familie Wallis, und in der Bank hinter uns saßen die Quatros.

Die drei geschlossenen Särge waren eingehüllt in Blumen. Darüber hing ein riesiges Blumenkreuz, eine Gabe des Missionslagers, in dem unsere Kinder die letzte Woche ihres Lebens verbracht hatten. Und überall – Teenager! Ich hatte Kathis Schulfreunde – Tom, Jim, Glen und Jon – gebeten, ihren Sarg zu tragen. Ich erinnerte mich an den Ostersonntag im letzten Jahr, als Kathi sie in unsere Gemeinde mitgenommen hatte.

»Ich wollte, daß sie das Evangelium hören«, ihre Worte klangen in mir nach, »von dem Tod Christi und besonders von seiner Auferstehung.«

Jim weinte ungehemmt. Kathi war sein Kumpel gewesen; sie hatten sich gegenseitig ihre geheimsten Wünsche und Träume erzählt. Glen, der vor kurzem seine Schwester bei einem Autounfall verloren hatte, stand neben ihm – jener mitternächtliche Anrufer, der Kathis tröstende Worte hören wollte. Tom – wie hatten er und Kathi gelacht und sich geneckt, und wie oft führten ihre Neckereien zu Wortgefechten über Glaubensfragen. Und Jon, dem Kathi auch vom Zweifel zum Glauben verhelfen wollte. Als ich Felicia eintreten sah, dachte ich an ihren Entschluß, Christus nachzufolgen, und es wurde mir warm ums Herz. Erst gestern hatte Felicias Mutter zu Pastor Smith gesagt: »Ich hatte mich viele Jahre vom Herrn abgewandt, aber heute komme ich zurück.«

Und dann dachte ich an die kleine Karte, die zusammen mit einem wunderschönen Blumengesteck heute morgen an unserer Haustür abgegeben worden war. »Danke, Kathi – Bev«, war alles, was darauf stand. Wer war Bev?

Der vertraute Klang des Klaviers brachte mich zurück in die Wirklichkeit. Ein Jugendchor sang das Lied, das Kathi immer so gern gespielt und gesungen hatte: »Der Vater liebt dich«. Es traf genau auf Kathi zu, und ich erinnerte mich, daß sie oft ihre Freunde ans Klavier geholt hatte, um ihnen »dieses tolle Lied« vorzuspielen.

Roy McKuen las nach dem 23. Psalm die Worte Jesu aus dem 14. Kapitel des Johannesevangeliums:

> »Euer Herz erschrecke nicht! Glaubet an Gott und glaubet an mich! In meines Vaters Hause sind viele Wohnungen . . . auf daß ihr seid, wo ich bin.«

Diese Worte, die ich oft in meinem Leben gelesen und gehört hatte, bekamen nun eine völlig neue Bedeutung. Pastor Smith, sichtbar bewegt, begann zu den fast zweitausend Menschen zu sprechen.

»Ich wußte lange nicht, welche Bibelstelle ich zu diesem Anlaß lesen sollte«, er konnte die Tränen kaum verbergen, »bis Mikes Vater mir einen Vers zeigte, den Mike in seiner Bibel unterstrichen hatte und der wohl am besten das Leben dieser drei jungen Menschen kennzeichnet.

> ›Ich hoffe und erwarte voll Zuversicht, daß Gott mich nicht versagen läßt. Ich vertraue darauf, daß

auch jetzt, so wie bisher stets, Christus durch mich in seiner Macht sichtbar wird, ob ich nun am Leben bleibe oder sterbe: Denn für mich heißt das Leben Christus, darum kann das Sterben mir nur Gewinn bringen.‹

Dies sind dieselben Worte aus dem Philipperbrief, Kapitel 1, Vers 20 und 21, die Mike am letzten Abend im Missionslager zitierte, als er aufstand und bezeugte, daß Christus durch ihn verherrlicht werden solle, sei es im Leben oder im Tod. – Christus wollte durch Mikes Tod verherrlicht werden . . .

Ich fragte die Familie Wallis, was John mit seinem Leben vorgehabt habe. Sie sagten mir, daß er kurz vor ihrem Aufbruch nach Brasilien zu ihnen gesagt habe, er wollte wie Billy Graham predigen und die Leute für Christus gewinnen . . .«

Dann las Pastor Smith Kathis Brief an Felicia vor. »Kathi mußte geahnt haben, daß sie bald beim Herrn sein würde«, fuhr er fort. »Es war der Wunsch dieser jungen Leute, daß Christus durch sie verherrlicht wird. Viele ihrer Freunde haben inzwischen Christus als ihren Retter erkannt. Ich meine damit, daß sie ihn persönlich kennenlernten, so wie Kathi es in ihrem Brief schrieb. Es genügt nicht, einfach Mitglied einer Kirche zu sein, man muß den lebenden Christus wirklich erfahren. Wenn wir Kathi, Mike und John bitten könnten, heute und hier etwas zu sagen, wüßte ich, was sie sagen würden: ›Wir wollen, daß ihr unseren Jesus kennenlernt.‹ – Sicher hätten sie auch zu berichten, wie wunderbar es im Himmel ist.

Für sie war der Tod Gewinn. Vielleicht fragt ihr euch, was sie durch den Tod denn eigentlich gewonnen haben, und die Antwort ist einfach: Getrennt vom Körper zu sein bedeutet, mit Gott vereint zu sein. Wir weinen und trauern, aber wir tun dies nicht wie die anderen, die keine Hoffnung haben, denn wir wissen, daß Kathi, Mike und John bei Christus sind. Wenn wir heute fragen könnten, würden sie sagen: ›Wir hatten das Größte und Beste auf der Erde und haben es jetzt hier – das Leben in Christus. Christus ist der Größte! Glaubt und folgt ihm jetzt! Ihr könnt euch nicht auf morgen verlassen. Ihr dürft keine Zeit verlieren!‹«

Als er geendet hatte, bat Roy McKuen die Gemeinde, aufzustehen und das Lied zu singen: »Einst treffen wir uns im Himmel«. Es war eine Hymne voll freudiger Erwartung. Schließlich, als Hunderte von Menschen an den geschlossenen Särgen vorbeigingen, spielte der Organist Händels »Halleluja«.

Es gab ergreifende Momente, so zum Beispiel, als der kleine Bobby Wallis den Totengräber am Rock zog und flüsterte: »Entschuldigen Sie, in welchem Sarg liegt mein Bruder?« Kathi wurde zwischen John und Mike begraben – wie im Leben, so war sie auch im Tod von ihren Freunden umgeben.

KAPITEL XX

Liebe Frau Johnson!

Ich weiß, daß Ihnen viele Leute aus unserem Missionslager geschrieben haben. Auch ich möchte Ihnen meine Anteilnahme am Tod Ihrer Tochter aussprechen. Wie wundervoll ist es jedoch, daß wir uns trotz allem freuen können über die Wege, die der Herr wählt, und daß er durch den Tod seiner Kinder verherrlicht wird.

Ich schreibe Ihnen hauptsächlich, weil ich Ihnen sagen wollte, wieviel Gutes Kathi von Ihnen und Ihrem Mann erzählt und wie sehr sie Sie geliebt hat. Am ersten Abend im Lager erzählte mir Kathi, daß sie mit Felicia zusammengezogen sei. Da ich weiß, daß für meine Eltern fast die Welt zusammenbrechen würde, wenn ich mir eine Wohnung suchen würde, fragte ich sie, wie denn Sie, ihre Eltern, reagiert hätten. Stolz erzählte sie mir von den Sorgen, die Sie sich wegen des Auszuges gemacht hätten, aber sie sagte, daß Sie ihre Entscheidung respektiert und ihr erlaubt hätten, auszuziehen. Sie erzählte auch oft, wie verständnisvoll Sie bei anderen Gelegenheiten gewesen wären.

Eines Abends, als wir über Kindererziehung sprachen, sagte Kathi, daß sie glücklich sei, so erzogen worden zu sein. Sie fühlte, daß sie geführt und gelehrt worden war, und daß sie in größter Liebe und fester christlicher Überzeugung von Ihnen erzogen worden ist. Sie erzählte auch, wie sehr sie ihre Brüder liebte, und welchen Spaß es ihr gemacht hätte, mit ihnen zu zelten. Kathi sprach oft von ihren Eltern, und sie tat es stets in großer Achtung und tiefer Liebe. Sie war ein wundervolles Mädchen, und ich bin sicher, Sie sind stolz, ihre Eltern zu sein.

Ich bete, daß dieser Brief ein Trost für Sie sein möge.

Ich habe den Schreiber dieses Briefes nie kennengelernt, aber es war wirklich ein Trost für mich nach den Tagen, die auf die Beerdigung folgten. Es kamen auch viele andere Briefe und Karten an, in denen von Kathis Glauben an Christus und von ihrer Hilfsbereitschaft die Rede war, und nie fehlten ein paar Worte über ihre echte Liebe zum Herrn und ihr fröhliches Wesen.

Eine Woche nach der Beerdigung aßen wir mit einigen Freunden zu Abend, als das Telefon läutete und Valerie, Kathis Zimmergenossin im Missionslager, aus dem viele Meilen entfernten Seattle anrief. Sie erzählte mir von Kathis letzten Tagen und von ihrer Freude, ihr Leben ganz Gott hinzugeben. »Am Donnerstagabend gingen wir zusammen zu einem Gottesdienst«, sagte sie, »und der Missionar sprach über den Tod. Als wir zu unserem Zimmer zurückgingen, sagte ich zu Kathi: ›Weißt du, ich wäre bereit zu sterben, wenn mein Vater dadurch Christus annehmen würde.‹ Kathi blieb plötzlich stehen, als ob sie ein neuer Gedanke durchzuckte. Ich konnte sehen, daß sie sehr angestrengt nachdachte. Dann sagte sie sanft: ›Ja, ich wäre auch bereit zu sterben, wenn Felicia und meine Freunde meinen Erlöser kennenlernen würden.‹

In der nächsten Nacht hatte Kathi einen Alptraum und wachte mit einem Schrei auf. ›Es war so dunkel, und ich konnte die Tür nicht finden. Ich hab' solche Angst, daß irgend etwas passiert‹, jammerte sie. Am Morgen erzählte sie Dave, Mike und John von ihrem Traum. Sie setzten sich unter einen Baum, und Dave schlug den 27. Psalm auf: ›Der Herr ist mein Licht und mein Heil; vor wem sollte ich mich fürchten? Der Herr ist meines Lebens Kraft; vor wem sollte mir grauen?‹ Dann beteten sie, daß Gott sie ganz zu seiner Verherrlichung gebrauchen möge, sei es im Leben oder im Tod.

Als Kathi in ihr Zimmer zurückkam, strahlte ihr Gesicht. ›Nun habe ich mein ganzes Leben Jesus gegeben‹, sagte sie.«

Als ich den Hörer wieder auflegte, konnte ich nicht anders, als ein Dankgebet hinauf zu unserem wundervollen Herrn zu schicken. »Es war kein Unfall«, sagte ich, als ich mich wieder an den Tisch setzte. »Gott nahm unsere Kinder zu sich. Er streckte einfach seine Hand aus und nahm sie auf.«

Am folgenden Tag fuhren Vern und ich zur UCLA-Klinik, um Dave zu besuchen. Er stand auf der Warteliste für plastische Operationen und sollte bald an die Reihe kommen. Als wir das Krankenzimmer betraten, konnte ich kaum glauben, was ich sah. Sein Gesicht war bis zur Unkenntlichkeit angeschwollen, und sein Arm lag in Gips.

Er versuchte, sich in seinem Bett aufzusetzen. »Frau Johnson«, das Sprechen fiel ihm sehr schwer, weil seine Kiefer nur durch Nägel zusammengehalten wurden, »ich möchte Ihnen einen Kuß geben.« Ich beugte mich nieder, um mit meinen Lippen Daves Gesicht zu berühren, und Tränen fielen auf seine Wange.

Dave würde noch viele Wochen durch zusammengenagelte Kiefer sprechen, manche plastische Operation und große Schmerzen aushalten müssen, aber die nächsten

Monate sollten auch zu einer geistlichen Reifezeit für ihn werden. Der Friede Gottes lag auf ihm; Dave hatte sein Leben ganz in die Hand des Herrn gegeben.

»Ich muß dort weitermachen, wo sie aufgehört haben. Wir sehen einfach nicht, wie allmächtig Gott ist. Die Frage ist nicht, warum hat Gott sie genommen, sondern, warum hat er mich leben lassen?«

Der Kreis wurde langsam aber sicher weiter. Eines Samstags klopfte es an der Tür, und draußen stand die reizende, blonde Debby, eine von Kathis Freundinnen, die ich nur flüchtig kannte.

»Wissen Sie, was ich gerade getan habe?« schluchzte sie. »Ich ging zum Friedhof, setzte mich an Kathis Grab und übergab Jesus mein Herz.«

Unter Tränen erzählte sie mir, daß Kathi auf der High School besonders freundlich zu ihr gewesen war.

In den folgenden Wochen lernte ich Debby kennen und lieben, denn sie kam oft in unsere Gemeinde und zu uns nach Hause. Aber mein Herz war tief gerührt, als ich einige Monate später einen Brief von ihr erhielt, in dem folgende Worte standen:

»Ich möchte Ihnen für alles danken, was Sie für mich getan haben. Bitte helfen Sie mir, die Dinge in meinem Leben in Ordnung zu bringen, in denen ich bisher versagt habe. Christus will, daß ich ihm ganz nachfolge.«

Auch Sharon und Hope begannen, ihren Glauben an Christus zu bekennen.

Aber bald sollten auch meine letzten Zweifel beseitigt werden, ob Gott Kathi, Mike und John für eine besondere Aufgabe ausgewählt hatte. Ich lernte nämlich Bev kennen und erfuhr ihre ungewöhnliche Geschichte.

KAPITEL XXI

Eines Montagabends, zwei Wochen nach dem Unfall, klingelte Bev an unserer Tür. Ich begrüßte das strahlende Mädchen und umarmte es.

»Kathi war so großartig«, begann sie, als wir uns bei Tee und Keksen zusammensetzten. »Ich nehme an, Sie wollen wissen, warum ich auf meine Karte ›Danke, Kathi‹ schrieb.«

»Ja, natürlich.«

Bev warf ihr langes Haar schwungvoll zurück.

»Ich war mit einigen Leuten von meinem Klub am Strand, als ich von dem Unfall hörte. Die meisten Mädchen waren gerade im Wasser, aber einige saßen am Strand und unterhielten sich. Plötzlich hörten wir einen Schrei, und ein Mädchen kam weinend den Hügel herabgelaufen. ›Kathi Johnson ist tot!‹ rief sie.

Wir waren wie versteinert.

›Das ist unmöglich‹, dachte ich. Kathi war so lebendig und stets für alles begeistert gewesen. Meine Freundin Mary und ich hatten gerade über Gott gesprochen; wir konnten einfach nicht glauben, daß es einen Gott geben sollte – wissen Sie –, wenn man an all die schrecklichen Dinge denkt, die in der Welt geschehen. Und dann kam diese Nachricht über Kathi. Ich konnte einfach nicht glauben, daß Gott sie hatte sterben lassen.«

Wir wischten uns beide die Tränen aus den Augen, und Bev erzählte weiter.

»Nach einer Weile gingen die anderen Mädchen fort. Mary und ich blieben sitzen und sprachen unter Tränen über Kathi, als plötzlich zwei Mädchen auf uns zukamen. ›Habt ihr etwas Zeit für uns?‹ fragten sie. Wir nickten.

Dann erklärten sie uns die vier geistlichen Gesetze und sagten, daß Gott uns liebe und einen Plan für unser Leben habe.

Wir hörten genau zu, was sie sagten, denn die Nachricht, die wir eben über Kathi erhalten hatten, machte uns offen für dieses Gespräch. Als sie uns fragten, ob es irgendeinen Grund gäbe, warum wir Christus nicht annehmen wollten, war uns klar, daß es keinen Grund gab. Mary und ich beugten unsere Häupter und machten den Thron unserer Herzen frei für Gott.

Jetzt schien das Leben plötzlich einen Sinn zu haben. Alles, was mich vorher verwirrt hatte, löste sich wie von selbst.

Wenn Kathi nicht im Glauben an Christus gestorben wäre, hätte ich wahrscheinlich den Herrn nie kennengelernt. Deshalb sagte ich: ›Danke, Kathi‹.«

Bev strahlte wirklichen Glauben aus, und ihre Freude war echt. Ich dachte an den Vers aus einem Korintherbrief: »Ist jemand in Christus, so ist er eine neue Kreatur; das Alte ist vergangen, siehe, es ist alles neu geworden.«

In den kommenden Monaten sah ich, was in Bevs Leben alles neu geworden war: neuer Glaube, neue Ziele, neue Wünsche. Ich konnte nicht anders, als auf das Bild der lächelnden Kathi zu schauen und zu wiederholen: »Danke, Kathi.«

Eines Sonntags gab mir Bev vor dem Gottesdienst ein kleines, zusammengefaltetes Stück Papier. Sie hatte folgendes darauf geschrieben:

> Ich hatte einen Freund –
> doch ich wußte es nicht.
> Gefangen in meiner eigenen Welt,
> übersah ich seine wärmende Hand.
> Nun ist er von mir gegangen,
> doch die Wärme blieb zurück:
> Ich kenne jetzt den Weg zum Leben.

Es war eine unsagbare Freude für uns, teilhaben zu dürfen an den Entscheidungen, die Kathis Freunde für Christus trafen, und ebenso erging es auch den Familien Wallis und Quatro. Auch Mike und John hatten bei ihren Freunden einen prägenden Eindruck hinterlassen. Johns Tante, Ethel Emily Wallis, Schriftstellerin und Missionarin, hatte als erste den Gedanken, eine kleine Broschüre zum Andenken an unsere drei Kinder drucken zu lassen. Unter ihrer fachkundigen Leitung wurde die Broschüre zu einem acht Seiten umfassenden Heft mit dem Titel: »Das siegreiche Team.«

Auf der Titelseite war ein Bild von John Wallis, wie er gerade die Fahne für die Sportmannschaft der Canoga Park High School hißte. Das Heft enthielt Farbbilder von Kathi, Mike, John und Dave, Auszüge ihrer Bekenntnisse, die sie für Christus abgelegt hatten, Schnappschüsse aus dem Missionslager, einen Zeitungsausschnitt über den Unfall und Zitate aus der Beerdigungspredigt. Der letzte Absatz lautete: »Wenn ihr mehr über Gott wissen wollt, wie ihn Kathi, Mike und John erlebten, dann schreibt an Dave Wallis.« Das Heft wurde an alle Schüler der drei umliegenden High Schools verteilt und fand seinen Weg in die Häuser des ganzen San Fernando-Tals, sogar auch in weiter entfernte Staaten. Ebenso aufregend wie die Reaktion auf diese Verteilaktion war jener Sonntagmorgengottesdienst, der dem Heft gewidmet war. Die Kirche war voll bis auf den letzten Platz; viele Schulfreunde der vier Kinder waren gekommen. Und Felicia gab in diesem Gottesdienst ihr erstes Zeugnis für Jesus Christus! »Ich weiß, daß viele von euch denken, es war Kathis Brief, der mich zu Christus geführt hat, aber das stimmt nicht. Es war ihr Leben. Ich kannte sie, lebte mit ihr zusammen und wußte, daß sie etwas hatte, was mir fehlte – etwas, das ich gerne gehabt hätte. Jetzt weiß ich, daß es Jesus Christus war.

Ich brauche nun keine Angst mehr zu haben und nicht mehr einsam zu sein. Christus ist immer bei mir. Ich möchte, daß Gott seinen Plan in meinem Leben verwirklichen kann.«

Es war ein Augenblick des Lichts. Aber es war nur ein Vorgeschmack auf den Augenblick, an dem wir vor dem Herrn stehen und die vielen, vielen Menschen sehen werden, die durch das Zeugnis von Kathi, Mike, John und Dave den Weg zum Leben gefunden haben.

»Vergiß nicht: Für diejenigen, die Gott lieben, geschieht nichts zufällig«, hörte ich meinen Vater sagen, »alles ist geplant.«

»Wir beteten, als wir das Lager verließen«, erzählte Dave. »Wir beteten alle, daß Gottes Hand unsere Fahrt lenken möge.«

Und ihre Gebete waren beantwortet worden, nicht gerade so, wie sie es vielleicht erwarteten, sondern so, wie Gott es in seinem vollkommenen Plan der Liebe für sie vorgesehen hatte. Gott hatte ihre Versprechen und Gelübde gehört und sie beim Wort genommen.

Als dann ein Brief nach dem anderen bei Dave ankam, dachte ich an den Satz in Kathis Brief an Felicia: »Ich habe als Christ versagt, aber glaube mir, für jede Person, bei der ich versagt habe, werden drei andere lernen, Jesus zu vertrauen.«

Dave, der sich wunderbar erholt hatte, begann die Briefe zu beantworten und ließ die vielen Menschen, die ihn nun um Hilfe baten, an seinem Glauben teilhaben. Er zeigte mir Stellen aus einigen der Briefe, die er von Teenagern, Großmüttern, Soldaten, sogar von einem High School-Repetitor erhalten hatte, und in allen stand dieselbe Bitte: »Hilf mir, Gott zu finden!«

Lieber Dave!

Ich habe die Geschichte des »siegreichen Teams« gelesen, und ich spürte einen Hauch der Güte Gottes. Ich kann mir vorstellen, daß viele Leute Dich fragen, wie Du denn glücklich sein kannst, wenn Deine Freunde und Dein eigener Bruder ums Leben gekommen sind, aber sie verstehen einfach nicht, daß Deine Freunde jetzt dort sind, wo wir alle sein wollen, wenn wir gestorben sind. Ich habe erst vor einigen Wochen Christus angenommen, und ich bin so froh darüber. Wie kann ich meinen Freunden von Christus erzählen? Soll ich einen Brief schreiben, wie Kathi es tat, und meinen Freunden das darin sagen, was sie Felicia gesagt hat? Ich weiß nicht, was ich tun soll. Bitte, hilf mir!

Lieber Dave!

Ich habe das Heft »Das siegreiche Team« gelesen und war sehr beeindruckt davon. Ich möchte gerne sehr viel wissen über den Gott von Kathi, Mike und

John. Es steht im Heft, daß wir Dir schreiben sollen, wenn wir Fragen haben. Ich hoffe, daß ich durch Dich Gott finden kann wie Kathi, Mike und John. Herzlichen Dank.

Lieber Dave,

ich habe das Heft mit dem Titel »Das siegreiche Team« gelesen. Ich habe einen anderen Glauben, aber ich möchte gerne wissen, was andere über Gott denken. Ich möchte mehr wissen über Gott wie Kathi, Mike und John. Ich bin der Leiter eines Cross-Country-Teams.

Täglich kamen neue Briefe an, und Dave, der versprochen hatte, »ihre Stelle einzunehmen«, beantwortete sie alle.

KAPITEL XXII

Ein Schauer durchfuhr mich, als ich die vielen Leute sah, die sich in unserem Wohnzimmer versammelt hatten. Einige waren Kathis Freunde, andere hatten Kathi nicht gekannt, aber alle hatten sie von dem Unfall gehört und »Das siegreiche Team« gelesen. Und nun wollten sie alle gemeinsam bei einem Bibelkursus mitmachen.

Ich dachte an Felicia, die mit ihrer Mutter nach Texas zurückgekehrt war.

»Ich möchte meiner Mutter helfen«, hatte sie gesagt – Felicia, das rebellische Mädchen, das von zu Hause fortgelaufen war. »Ich möchte meinen Brüdern und Schwestern von Jesus erzählen.«

Bevor sie ging, hatte sie mir einen Brief gegeben. Als ich ihn öffnete und las, was darin stand, wünschte ich, Kathi könnte es auch lesen.

> Liebe Frau Johnson!
>
> Kathis größter Wunsch war es, daß ich ihre Schwester in Christus werde. Nun ist ihr Wunsch in Erfüllung gegangen. Und da ich nun Kathis Schwester bin, bin ich auch Ihre Tochter. Ich liebe Sie.

Ich würde Felicia immer gern haben und für sie beten.

Eines Abends kam Steve zu unserem Bibelkurs, und vom ersten Augenblick an wußte ich, daß Gott große Dinge mit ihm vorhatte. Vern und ich mochten Steve vom ersten Moment an. Er hatte den brennenden Wunsch, mehr über Gott zu erfahren. Seine Gebete waren einfach, direkt und eine Herausforderung an unsere eigenen Herzen. Steve, der aus zerrütteten familiären Verhältnissen kam, zog schon bald zu Dave Wallis, der einen großen Einfluß auf sein Leben ausüben sollte. Der Abend, an dem er uns mitteilte, daß er Pastor werden wollte, war ein Höhepunkt für Vern und mich. Etwas später brachte Steve seine Freundin Janie mit in die Gruppe, und auch sie lernte Christus persönlich kennen, nachdem sie eine Weile zugehört und dann selbst begonnen hatte, die Bibel zu studieren.

Die Teilnehmer an unserem Bibelkurs vertrauten sich gegenseitig ihre Probleme an, und dadurch kamen wir uns untereinander und Christus näher. Unser letzter Bibelabend fand kurz vor Weihnachten statt. Unsere Wege führten danach wieder auseinander, aber ich war dankbar für die gemeinsame Zeit, die wir haben durften und in der wir in Christus gewachsen waren. Ich hatte Kathi verloren, aber gleichzeitig zahlreiche Söhne und Töchter in Christus gewonnen. Einen Tag vor dem Heiligen Abend ging ich allein zum Oakwood Friedhof und legte Blumen auf die drei Gräber. Die Grabsteine waren erst vor kurzem aufgesetzt worden, und ich kämpfte gegen die Tränen, als ich die Verse las, die jede Familie als Inschrift gewählt hatte.

Auf Mikes Grabstein stand sein Leitspruch: »Christus ist mein Leben, und Sterben ist mein Gewinn.«

Auf Johns Grabstein las ich: »Ich habe einen guten Kampf gekämpft, ich habe den Lauf vollendet, ich habe Glauben gehalten.«

Und für Kathi hatten wir ausgewählt: »In Christus zu sein, das ist das Beste.«

»Oh, Kathi«, dachte ich, »wenn ich mir doch nur die Zeit

genommen hätte, dich kennenzulernen, und dich zu verstehen.« Als ich zum Auto zurückging, fiel mir ein Vers aus einem Gedicht ein:

> Sie war ein Engel – und ich wußte es nicht.
> Atemlos eilte sie durch das Leben,
> berührte flüchtig dies und das
> – zu kurz waren ihre Tage.
> Sie war wie eine Kerze, die hell flackert
> und dann doch bald erlischt.
> Aber ihr Sein, die Wärme ihres Lichtes,
> erfreute viele Herzen.

Am Heiligen Abend saßen wir um den Weihnachtsbaum und öffneten die Geschenke, und zum erstenmal mußte Cindy ihr traditionelles Hausschuhgeschenk allein öffnen. Aber statt der großen Sehnsucht nach Kathi, die ich erwartet hatte, war mein Herz erfüllt mit besonderer Freude – Freude, die nur Christus geben kann. Denn Hope, Debby, Bev und Kathis alter Freund John verbrachten mit uns dieses Weihnachtsfest, und spät am Abend kam ein warmer, herzlicher Anruf von Felicia aus Texas.

Sie alle vermißten Kathi, genau wie wir, denn durch Kathi hatten sie den tiefen Sinn ihres Lebens erkannt. Ohne es auszusprechen, spürten wir doch alle ihre Gegenwart.

Cindys Geschenk im Gedenken an Kathi war ein Gedicht, das sie eines Nachts in ihrem großen Schmerz geschrieben hatte. Sie gab ihm den Titel: »Für alle Schwestern.«

Morgen
werde ich versuchen, sie zu verstehen,
und die Begeisterung in diesen strahlenden,
schwarzen Augen;
ich werde versuchen, ihren Lebensdrang zu begreifen,
ihre unermüdliche Energie, ihre Liebe für alle.

Morgen
werde ich mich zu ihr setzen.
Ich werde das kleine, dünne Mädchen kennenlernen,
mit dem ich aufwuchs und das Zimmer teilte,
als wir noch klein waren.

Morgen
werden wir uns Geheimnisse anvertrauen,
lange Spaziergänge machen
und viele Stunden lachend zusammensitzen.

Morgen
werde ich sie nach ihren Freundinnen fragen
(auch nach ihren Freunden),
und sie wird mir sogar von ihrem Lieblingsfach in der
Schule erzählen.

Heute?
Heute habe ich keine Zeit,
ich habe so viel zu tun,
sie geht mir auf die Nerven.

Heute
leiht sie sich meine schönsten Kleider aus
und macht sie kaputt.

Heute
verfährt sie das ganze Benzin in meinem Auto.

Heute
fragt sie mich dummes Zeug,
und ich habe keine Lust zu antworten.

Heute
bin ich zu müde.

Aber morgen
sage ich ihr, wie gern ich sie habe,

nehme sie in den Arm, streichle ihr schönes Haar
und sage ihr, wie froh ich bin,
eine Schwester zu haben . . .
morgen.

Morgen!
Er ist gekommen.
Aber sie ist gegangen.

Eine Aufgabe, die ich immer vor mir hergeschoben hatte, wartete auf mich – ich mußte Kathis Kleider und ihre sonstigen Dinge durchsehen. Ich drückte jedes Kleid an mich und erinnerte mich genau daran, wann und wo sie es getragen hatte. Ich war allein und hielt meine Tränen nicht zurück, als ich den vertrauten rot-weißen Anführerrock zusammenlegte. Ich packte eine Schachtel nach der anderen, aber das »Engelskleid« hängte ich zurück in den Schrank. Ich konnte mich einfach nicht davon trennen. Auch die kleine grüne Bluse, die wir damals gemeinsam gekauft hatten – das einzige Kleidungsstück, das man am Unfallort von ihr gefunden hatte – legte ich in das Fach zurück.

Als ich ihren Schreibtisch durchsah, fand ich ganz unten in der Schublade ein zusammengefaltetes Stück Papier. Es war ein Gedicht, das Kathi geschrieben hatte, als sie sechzehn Jahre alt war – ein Gedicht, aus dem ihr ganzes Herz sprach.

DIE WUNDER GOTTES

Wenn ich so um mich blicke,
ist mir ganz klar,
daß Gott alles schuf:
die Vögel, den Himmel, die Bäume.
Aber dann sehe ich etwas näher hin
und sehe die schmerzliche Seite des Lebens.

Ich sehe Satan, der die Welt beherrschen will,
der Zwietracht in die Herzen der Menschen sät;
ich sehe das Schlechte um mich herum,
das das Gute zu verdrängen scheint.
Des Teufels Werke sind überall,
aber Gott ist stärker.
Er starb am Kreuz von Golgatha,
um mich von meinen Sünden zu erretten,
damit ich heute und für immer
in sein Reich eintreten kann.
Oh, danke, lieber Herr,
daß du mich freigemacht hast.
Ich bin für alle Zeit gerettet,
und ich werde dir dienen und für dich leben!

Kathi, Mike und John wurden auch nach ihrem Tod geliebt und geehrt. In ihren Schulen und an ihren Arbeitsplätzen wurden Gedenkzeichen angebracht; sie sollten daran erinnern, wieviel Frucht ein Mensch, der sein Leben in Gottes Hand gelegt hat, bringen kann. In jenem Herbst wurde die Wahl der »Homecoming Queen« an der Cleveland High School Kathi gewidmet; die Zeitschrift Impact brachte einen Artikel über die Kinder und erzählte von ihrer letzten Woche im Lager. Marilee Drown, eine Lagerkameradin aus Arizona, schrieb diese Zeilen, als sie von dem Unfall hörte:

Die Wucht, wenn Metall auf Metall trifft
. . . splitterndes Glas
. . . Sirenen . . .
leblose Jugend . . .
In der Dunkelheit
die gähnende Leere des Todes!
HERR!
. . . WARUM?

Auch heute noch
gähnt in der Dunkelheit
die furchtbare Leere des Todes
. . . der leblosen Jugend.
Der Todesstoß, der nichts ungeschehen sein läßt
. . . zertrümmert das Gewissen der Lebenden.
BITTE, HERR, bring dein Leben der leblosen,
verirrten Jugend!

Dies wurde zu unserem täglichen Gebet, daß Gott das Leben und den Tod unserer Tochter zu seiner Verherrlichung gebrauchen und vielen »leblosen« Teenagern sein Leben geben möge.

Unsere Gebete wurden beantwortet. Wir durften es tatsächlich erleben.

Die Familie Wallis hat es erlebt!

Die Familie Quatro hat es erlebt!

Und Dave, der nach Brasilien auswanderte und an seinem eigenen Leib eine wunderbare Heilung erfahren durfte, hat es auch erlebt!

KAPITEL XXIII

Freitag, der 13. März – Kathis neunzehnter Geburtstag. Erinnerungen an vergangene Schlummer-Parties gingen mir durch den Kopf. Keine leeren Cola-Flaschen und keine Kartoffel-Chips lagen in diesem Jahr im Zimmer herum. Ein kleiner Blumenstrauß kam von Dave und Ethel Wallis zum Gedenken an Kathis Geburtstag.

Obwohl schon sechs Monate nach dem Unglück vergangen waren, war der Schmerz immer noch mein ständiger Begleiter; obwohl wir viele Wunder erlebt und den Frieden und die Gnade Gottes erfahren hatten, brachte dieser Tag doch Leid.

Denn dies war der Tag meiner Tochter; vor neunzehn Jahren hatte ich ihr das Leben geschenkt.

Am Abend besuchten wir meine Mutter zum Abendessen. Auch mein Vetter hatte Geburtstag, und ich fragte mich, ob ich wohl die Worte »Herzlichen Glückwunsch« über die Lippen bringen würde, ohne in Tränen auszubrechen. Vor achtzehn Jahren hatte er Kathi ein kleines Medaillon zu ihrem ersten Geburtstag geschenkt – dem Mädchen, das seinen Tag mit ihm teilte.

Die Erinnerung an diesen Abend machte mir wieder klar, wie schnell das Leben vorbei sein kann. Mein Bruder Leo sollte auch nur noch neun weitere Monate zu leben haben; meinem großen, starken Bruder war ein plötzlicher, unerwarteter Tod beschieden. Er sollte im Himmel bald seinen Herrn, aber auch seinen Vater, seinen kleinen Bruder und seine Nichte begrüßen können.

Und nur einen Monat, nachdem wir meinen Bruder beerdigt hatten, starb Kathis Freund Jim – der »besondere« Jim – bei einem Autounfall. Als ich bei seiner Beerdigung hinten in der Kirche stand, erinnerte ich mich, daß er hemmungslos geweint hatte, als er half, Kathis Sarg zu tragen. Ich dachte auch daran, wie er Steine an ihr Fenster geworfen und mit ihr lange, mitternächtliche Gespräche geführt hatte. An ihrem Grab sagte er damals: »Ich habe so viel von Kathi gelernt.«

Noch einmal trugen Glen, Tom und Jon einen Sarg und setzten ihn an einem frisch ausgehobenen Grab ab.

»Der Herr erntet«, sagte Glen leise.

Ein Jahr nach dem Unfall im September fuhren wir mit Ethel Wallis, Steve Quatro, Ethel Emily Wallis und Debby zum Friedhof, um Blumen auf die drei Gräber zu legen. Als wir ankamen, saßen zwei junge Mädchen dort; sie waren mit Kathi zur Schule gegangen.

»Wenn Kathi nicht gewesen wäre«, sagte Mary-Ann im Laufe des Gesprächs, »hätte ich jetzt meinen Retter nicht.«

Der Friedhofswächter, der in unserer Nähe stand, wollte uns in gebrochenem Englisch mit dem Akzent seiner spanischen Muttersprache etwas fragen. Ethel Emily, die ehemals Missionarin in Mexiko gewesen war, ging zu ihm, um mit ihm zu sprechen.

»Er wollte wissen«, sagte Ethel, »was es mit den drei Gräbern auf sich habe. Er sagte, er sei seit dem Tag der Beerdigung immer hier gewesen, und fast jeden Tag wäre jemand gekommen, um Blumen niederzulegen oder zu beten. Er möchte gerne die Geschichte wissen, die mit den drei Gräbern verbunden ist.« Und Ethel erzählte ihm die Geschichte von Kathi, Mike und John.

So wurde ein Tag, den ich gefürchtet hatte, zu einem Tag mit heilendem Segen.

Das zweite Weihnachtsfest ohne Kathi kam heran, und der Herr erfüllte unsere Herzen mit Liebe und Freude. Tom rief an und wünschte uns ›frohe Weihnachten‹. Bev kam vorbei, um uns einen wundervollen Blumenstock zu bringen, und wir unterhielten uns über unseren treuen Herrn. Sie wuchs ständig im Glauben und bezeugte Jesus im College und bei ihren Freunden. Und Debby, die nun Marinehelferin war und gerade Urlaub hatte, verbrachte den ganzen Weihnachtsabend mit uns.

»Ich möchte Missionarin werden«, sagte sie mir, als wir allein im Wohnzimmer saßen.

Meine Augen füllten sich mit Tränen der Freude, als ich an die verwirrte, niedergeschlagene Debby dachte, die nach Kathis Beerdigung zu uns kam und ihr Herz ausschüttete – ein Mädchen, das alles versucht hatte, um Frieden zu finden, und ihn schließlich im Friedensfürsten selber fand. Meine Augen wanderten zu Kathis immer lächelndem Bild an der Wand.

»Ich möchte die Welt gewinnen«, hatte sie gesagt, »es ist keine Zeit zu verlieren.« Sie hatte die Welt gewonnen, die Welt, in die Gott sie hineingesetzt hatte – die Welt der Teenager. Die Welt von Bev, Felicia, Sharon, Hope, Debby, Steve, Janie, Jim, Glen und vielen, vielen anderen.

Ich sehe sie oft so – ihr langes Haar flattert im Wind – barfüßig und in Blue Jeans – unsere sorglose, lachende Kathi. Kathi, die aufrichtig geflüstert hatte: »Ich bin auch bereit, zu sterben, wenn dies meine Freunde zu Christus führen würde.«

Ich sehe den kleinen roten Mustang, der tapfer durch die bergigen Straßen fährt, beladen mit vier lachenden, singenden, plaudernden, betenden und pläneschmiedenden jungen Leuten – und in einem winzigen Augenblick sind sie, bis auf einen, alle daheim.

Daheim für alle Ewigkeit.

C = Allgemeine Themen

1 Friedrich Hauß, Die uns das Wort Gottes gesagt haben
2 Curtis C. Mitchell, Jesus als Beter
3 Martha Pampel, Wer in der Liebe bleibt
4 Erich Schnepel, Wie sieht die Zukunft der Menschheit aus?
5 Martin Schacke, Der Brief an die Kolosser
6 Paul Humburg, Keiner wie ER
7 Richard Kriese, Hand in Hand durchs Leben
8 Hellmuth Frey, Handkommentar Jesaja, Bd. II
9 Anny Wienbruch, Adelheid, Königin und Kaiserin
10 Erich Schnepel, Gemeinde aktuell

T = Taschenbücher

1 Dietrich Bonhoeffer, Das Gebetbuch der Bibel
2 Michael Green, Neues Leben – neuer Lebensstil
3 Margaret Johnson, 18 Jahre und keine Zeit zu verlieren
4 Hans Joachim Eckstein, Laß uns Liebe lernen
5 Jörg Erb, Dichter und Sänger des Kirchenliedes, Bd. IV
6 Fritz Schmidt-König, Als der Wald brannte
7 Elisabeth Ohlig, Gottes Fügen – mein Genügen

W = Werkbuchreihe »Wege zum Dienst«

1 Marie Jürgenmeyer, Frohes Feiern um die Bibel
2 Hermann Traub, Zum Leben eingeladen
3 Ada Lum, Befähigt zu lehren